REDLINE WIRTSCHAFT
bei ueberreuter

BJ Gallagher
Warren H. Schmidt

UNTER PINGUINEN

Ein tierisches Team-Buch

REDLINE WIRTSCHAFT
bei ueberreuter

Die Deutsche Bibliothek – CIP-Einheitsaufnahme

Gallagher, BJ
Unter Pinguinen : Ein tierisches Team-Buch
BJ Gallagher / Warren H. Schmidt
Frankfurt/Wien: Redline Wirtschaft bei Ueberreuter, 2002
Einheitssacht.: A peacock in the land of penguins <dt.>
ISBN 3-8323-0860-1

Unsere Web-Adressen:

http://www.redline-wirtschaft.de
http://www.redline-wirtschaft.at

1 2 3 / 2004 2003 2002

Aus dem Amerikanischen von Christoph Bausum
Originaltitel: „A PEACOCK IN THE LAND OF PENGUINS: A Fable about Creativity & Courage" by BJ Gallagher Hateley and Warren H. Schmidt. Illustrations by Sam Weiss. First published by Berrett-Koehler Publishers, Inc., San Francisco; CA, USA.
Umschlag: INIT, Büro für Gestaltung, Bielefeld
Druck: Ueberreuter Buchproduktion, Korneuburg
Printed in Austria

WIR WIDMEN DIESES BUCH

all jenen, die sich wünschen,

ungehindert zu fliegen

und ihr buntes Federkleid nicht verbergen zu müssen –

und allen, die weise genug sind,

von denen zu lernen,

die anders sind als sie selbst.

in diesem Sinne lieber Robert herzlichen Glückwunsch zu Deinem Studienabschluss und alles Gute für Deinen Start ins Berufsleben

Gerti und Gerhard

Elisabeth + Wolfi, Hannes + Claudia, Marie-Therese + Reinhard

INHALT

VORWORT ZUR DEUTSCHEN AUSGABE

Die Geschichte in diesem Buch basiert auf den wahren Erlebnissen wirklicher Menschen in einem realen Unternehmen in den Vereinigten Staaten, verpackt in das dünne Federkleid einer Parabel. Bis heute wurde die Geschichte weltweit in zwölf Sprachen übersetzt – und wir haben entdeckt, dass diese ganz persönlichen Erlebnisse eine wahrhaft universale Dimension besitzen. Die Pinguine sind überall – und ebenso die Pfauen, die versuchen, sich selbst treu zu bleiben und trotzdem Anerkennung zu bekommen für ihre Fähigkeiten und ihren Beitrag zum Unternehmenserfolg. Dies ist nicht nur eine amerikanische Geschichte (oder eine deutsche Geschichte) ... es ist eine Geschichte menschlicher Natur.

Überall, wo penible und kreative Menschen zusammenarbeiten, stehen beide Seiten vor der gleichen Frage: „In welchem Maße können wir Ideen und Meinungen vertreten, die sich von denen unserer Mitarbeiter oder Vorgesetzten unterscheiden?" Und die Vorgesetzten sind mit einem ähnlichen Dilemma konfrontiert: „Wie sorgen wir für die kreative Energie, die es uns erlaubt, unseren Konkurrenten einen Schritt voraus zu sein, und halten dabei gleichzeitig die Ordnung aufrecht, die wir brauchen, damit unser Unternehmen reibungslos und effektiv arbeitet?" Diese Spannung zwischen Individualität und Konformität ist allgegenwärtig – sie ist eine Herausforderung, der sich Organisationen und Unternehmen aller Spielarten und Größenordnungen, ja sogar ganze Nationen stellen müssen.

Wir hoffen, dass die Parabel von Perry dem Pfau und seinen exotischen Freunden auch in Deutschland neue Einsichten vermittelt und vielleicht eine neue Sprache bereitstellt, in der man über Vielfalt und Unterschiede sprechen kann. Das lockere und humorvolle Behandeln eines ernsten Themas ist oftmals die wirksamste Methode, Spannungen abzubauen und eine Diskussion in Gang zu bringen.

Jedes soziale Spannungsfeld und jedes unternehmerische Problem trägt in seinem Kern bereits den Ansatz einer Lösung und eine Chance für die Zukunft. Wir wünschen allen deutschen Pinguinen und Pfauen Erfolg dabei, diese neuen Möglichkeiten gemeinsam zu erkunden!

BJ Gallagher, Warren H. Schmidt
Los Angeles, Kalifornien
November 2001

VORWORT

Hin und wieder erscheint ein Buch, das ein profundes Thema auf ganz einfache und elegante Weise behandelt. *Unter Pinguinen* ist ein solches Buch. Ich war begeistert, als die erste Auflage 1995 erschien, und die jetzige Neuauflage begeistert mich noch mehr. Das Buch vermittelt wichtige Einsichten in die Frage von Kreativität und Innovation am Arbeitsplatz – und es tut das auf äußerst fesselnde Weise. Durch das Medium der Fabel hilft es uns zu erkennen, was geschehen kann, wenn wir offen und mutig zu uns selbst stehen … in einem Umfeld, das von Managern und Vorständen geschaffen wurde, die die Welt ganz anders sehen als wir selbst.

Geschichten sind hervorragend geeignet, wichtige Botschaften zu vermitteln – sie können gleichzeitig motivieren und belehren. Menschen vergessen Fakten, Zahlen und Theorien, aber sie erinnern sich an Geschichten. Wer mich kennt, weiß, wie oft ich im Gespräch und in Reden Geschichten benutze. Ich liebe es, gute Geschichten zu schreiben, und ich liebe es, gute Geschichten zu lesen.

Dies ist die Geschichte von Perry dem Pfau – ein schlauer, talentierter, farbenfroher Vogel – der ins Land der Pinguine zieht. Hier bekommt er bald Probleme, denn bei den Pinguinen herrscht das frostige Klima einer Unternehmenskultur, die starr, bürokratisch und von unzähligen geschriebenen und ungeschriebenen Regeln beherrscht ist. Obwohl sie seine Stärken erkennen, ist seine Andersartigkeit den Pinguinen unangenehm. Sobald er im Unternehmen arbeitet, sorgen ironischerweise nun gerade die Eigenschaften, aufgrund derer man ihn eingestellt hat – seine besondere Ausstrahlung und Kreativität – dafür, dass die Pinguine ihn als ein Problem empfinden!

In seinen Erlebnissen spiegeln sich die Erfahrungen von „schrägen Vögeln" in vielen Unternehmen auf der ganzen Welt. Geschäftsführer und Manager *sagen*, dass sie neue Ideen und neue Ansätze von ihren Angestellten erwarten, doch ihre Handlungsweise spricht eine andere Sprache. Neue Ideen stören den Betriebsfrieden, bringen Unordnung, stellen die etablierte Ordnung in Frage, verlangen, dass man Neues ausprobiert und Risiken eingeht, sie scheuchen die Leute aus ihrer Bequemlichkeit auf. Darum wird oft versucht, Menschen, die anders sind, die neue Ansichten haben, wie man das Unternehmen zum Erfolg führen kann, daran zu hindern, diese Ansichten zu vertreten – sehr zum Schaden des Einzelnen und des Unternehmens.

Diese vergnügliche Fabel erzählt die Abenteuer von Perry dem Pfau und anderen exotischen Vögeln, die versuchen, sich im Land der Pinguine zurecht zu finden. Ihre Geschichte ist ebenso unterhaltsam wie lehrreich. Sie erzählt von den Gefahren, aber auch von den Chancen für alle, die einzigartig und kreativ sind in einer Welt, die Wert legt auf Komfort, Sicherheit, Voraussehbarkeit und Konformität.

Wenn Sie daran interessiert sind, Ihr Unternehmen mit neuen Ideen erfolgreich zu machen, lesen Sie dieses kleine Buch. Das Schaffen einer Arbeitsatmosphäre, die Kreativität und Innovation gedeihen lässt, ist von größter Wichtigkeit – für Manager ebenso wie für Angestellte. Hier finden Sie wichtige Erkenntnisse für uns alle!

Ken Blanchard
Co-Autor von *Der Minuten-Manager*

TEIL I

Die Geschichte

Es gab einmal eine Zeit,

ES IST NOCH GAR NICHT SO LANGE HER,

da regierten in vielen Ländern
überall im Meer der Unternehmen

DIE PINGUINE.

Diese Pinguine hatten durchaus nicht immer Recht,
und sie hatten auch nicht immer
besonders viele Freunde,

ABER SIE HATTEN IMMER DAS SAGEN.

DIE MEISTEN UNTERNEHMEN SAHEN GLEICH AUS:

Geschäftsführung,
Aufsichtsrat
und Manager
TRUGEN DEN KLASSISCHEN PINGUINANZUG,
während die verschiedenen Arten
der Arbeitervögel
Farben und Anzüge trugen,
die ihrer Arbeit
oder ihrer Lebenseinstellung entsprach.

WENN EIN VOGEL
in seinem Unternehmen
aufsteigen wollte,
LEGTE MAN IHM NAHE,
es den Pinguinen gleichzutun –
kürzere Schritte zu machen
und den Pinguingang zu lernen,
einen Pinguinanzug zu tragen
und dem Beispiel
seiner Vorgesetzten
zu folgen.

Fortbildungsabteilungen boten

AUSGEDEHNTE TRAININGSPROGRAMME AN,

in denen man

DAS RICHTIGE PINGUINVERHALTEN LERNEN KONNTE.

Die Regeln

UND DIE NORMEN

waren von Beginn an

KLAR.

Gerne gaben die Pinguine

UNAUFDRINGLICH

(manchmal auch nicht ganz so unaufdringlich)

Ratschläge wie:

„Wir machen das hier so."

„Willst du etwas werden,

dann werde wie wir."

Einige der Vögel,

DIE IN DER HACKORDNUNG AUFSTEIGEN WOLLTEN,

wurden sehr gut darin,

WIE PINGUINE AUSZUSEHEN

und sich wie Pinguine zu benehmen.

ABER AUCH SIE

bemerkten irgendwann,

DASS SIE ES NIE BIS

ganz an die Spitze

schafften.

ES WAR ALLGEMEIN BEKANNT,

dass Pinguine
VON NATUR AUS FÜHRUNGSKRÄFTE SIND –
ordnungsbewusst,
loyal und
gute Teamarbeiter.

BEI PINGUINEN KONNTE MAN SICHER SEIN,
dass sie immer
DIE INTERESSEN DES UNTERNEHMENS
über
persönliche oder familiäre Bedürfnisse
stellen würden.

VON ANDEREN VÖGELN

nahm man an, sie seien

FLATTERHAFTER

und weniger zuverlassig.

Das wurde

NATÜRLICH

niemals so deutlich gesagt

ODER GAR GESCHRIEBEN.

DENN

wie alle Anführer

WOLLTEN AUCH DIE PINGUINE

als unvoreingenommene Vorgesetzte gelten,

die andere aufgrund

IHRES BEITRAGS ZUM UNTERNEHMENSERFOLG,

ihrer Leistung und

ihrer Fähigkeiten

beförderten.

DOCH IM GRUNDE GENOMMEN WUSSTE JEDER –

Die Pinguine

HATTEN SCHON IMMER DAS SAGEN

und

die Pinguine

WERDEN AUCH IN ZUKUNFT DAS SAGEN HABEN.

DIE ÄLTEREN PINGUINE

nahmen gern

JÜNGERE PINGUINE

unter ihre Fittiche

und zeigten ihnen,

wie man

ERFOLGREICH WIRD.

Sie luden

IHRE SCHÜTZLINGE EIN

zum Golf spielen

UND ZUM JOGGEN.

MAN SASS BEIEINANDER

in der Manager-Kantine

und redete über Fußball.

ES WAR FÜR JEDEN ERKENNBAR,

wer die wichtigen Pinguine waren.

ES WAR AUCH FÜR JEDEN ERKENNBAR,

dass die Pinguine
sich am wohlsten fühlten,
WENN SIE UNTER SICH WAREN.

ES WAR EIN FRIEDLICHES LEBEN

im Land der Pinguine

solange sich alle

AN DIE SPIELREGELN DER PINGUINE HIELTEN.

DIE ANDEREN VÖGEL

im Unternehmen

wussten, wie man sich verhalten muss,

DAMIT DIE PINGUINE SICH BEHAGLICH

und sicher fühlen.

DOCH DANN BRACH EINE ZEIT AN,

in der die Dinge sich zu ändern begannen

im Land der Pinguine ...

DIE OBEREN PINGUINE

besuchten

andere Länder,

WO SIE INTERESSANTE VÖGEL TRAFEN,

deren Fähigkeiten,

Erfahrungen

und Leistungen

SIE SEHR BEEINDRUCKTEN.

„Zwar sind sie keine Pinguine“,

DACHTEN DIE OBEREN BEI SICH,

„aber vielleicht
könnten sie zu Pinguinen werden,
wenn wir sie in unser Land bringen
und ihnen beibringen,
sich wie Pinguine zu benehmen.“

„Diese beeindruckenden fremdartigen Vögel
könnten sich
ohne Zweifel
an das Leben
im Land der Pinguine anpassen,
und was sie an Können mitbringen,
würde uns
noch erfolgreicher machen.“

„Unser Klima ist anders –
frostig und kalt.
Die Landschaft hat nicht ihresgleichen –
eisig und kahl.

Doch wir sind dort erfolgreich
und vielleicht werden das auch
diese neuen Vögel sein.

Wenn sie so schlau sind
wie wir glauben,
dann können sie sich
an unser Wetter und unsere Gebräuche gewöhnen."

UND SO KAM ES, DASS

Perry der Pfau

in das Land der Pinguine gelangte ...

Nun war Perry
GANZ OFFENSICHTLICH
kein Pinguin.

WENN MAN ES RECHT BETRACHTETE,
war er das genaue Gegenteil, gewissermaßen

DIE ANTITHESE DER PINGUINITÄT –

PERRY WAR EIN PFAU –
ein farbenfroh schillernder Vogel
mit einer lauten Stimme.

PERRY WAR EIN SEHR BEGABTER PFAU,

der in seiner Heimat

WIRKLICH BEEINDRUCKENDES

geleistet hatte.

ER SCHRIEB EINEN ERFRISCHENDEN STIL

und war ein Genie beim Budgetieren.

ER WAR KREATIV UND EINFALLSREICH

und gleichzeitig in der Lage

pragmatisch und praktisch zu denken.

Zuhause

hatte er viele Freunde und Bewunderer;

ER WAR DORT SEHR BELIEBT.

DIE TOP-MANAGER

im Land der Pinguine

waren fasziniert,

ALS SIE PERRY DEN PFAU KENNENLERNTEN.

Sie sahen, dass er anders war –

aber was er schon alles erreicht hatte

MACHTE ZIEMLICHEN EINDRUCK AUF SIE

und sie spekulierten darüber,

WELCHE NEUEN MÖGLICHKEITEN

er ihnen eröffnen würde.

Sie spürten, dass Perry

JEDE MENGE PINGUINPOTENZIAL HATTE.

PERRY SEINERSEITS

hatte schon große Dinge

über die Pinguine und ihr Land gehört –

die Aussicht auf Ansehen

UND WOHLSTAND

und die Möglichkeit,

einem großen und mächtigen Unternehmen

anzugehören,

ZOGEN IHN AN.

ES WAR EIN REICHES LAND –

und alle Vögel

wurden sehr gut bezahlt.

„Ich habe eine große Zukunft

in diesem neuen Land“,

dachte er.

UND SO EINIGTEN SICH

die Pinguine

und der Pfau.

Er würde mit ihnen kommen

UND GEMEINSAM

würden sie

BERGE VERSETZEN.

Zuerst
WAREN ALLE BEGEISTERT.

Die Pinguine waren beeindruckt
UND SEHR ANGETAN
von ihrem neuen Mitarbeiter.

Überall stand er sofort im Mittelpunkt,
SO WIE ER GLITZERTE
und immer wieder
von Zeit zu Zeit
SEIN FARBENSPIEL AUFBLITZEN LIESS.

Auch Perry war angetan

VON DEM UNGEWOHNTEN

und dem Neuen.

Er war von den Pinguinen beeindruckt –

SIE SAHEN SO WICHTIG AUS

in ihren schwarz-weißen Anzügen,

BESONDERS,

wenn sie zu

Meetings

und Firmenanlässen

zusammenkamen.

Ihr förmliches Auftreten und Benehmen

WAREN SO ANDERS

als alles,

was er je zuvor gesehen

oder erlebt hatte.

Nun war der Pfau

AM ANFANG

darauf bedacht,

seine farbenfrohe Natur

nicht allzu offen zur Schau zu stellen.

Denn, wissen Sie, einige Freunde

in seiner Heimat

HATTEN PERRY VOR DEN PINGUINEN GEWARNT –

Sie hatten ihm erzählt,

NACH WELCHEN REGELN

und auf welche Art und Weise

DIE PINGUINE

ihr Land verwalteten.

ALSO LIESS ER SEINE FEDERN

meistens zusammengefaltet

und schlug nur gelegentlich

sein Rad,

um die Pinguine mit der ganzen Palette

SEINER FARBEN UND FÄHIGKEITEN ZU BEEINDRUCKEN.

Er wollte

ERNST GENOMMEN WERDEN

und er wollte

ERFOLGREICH SEIN.

Darum beschloss er,

SEINE PFAUEN-NATUR

eine Zeit lang im Zaum zu halten,

bis er sicher sein konnte,

DASS DIE PINGUINE IHN GANZ

akzeptiert hatten.

ER VERTRAUTE DARAUF,

dass er gute Arbeit leisten würde
und sie ihn so wie er war ins Herz schließen würden –
IN ALL SEINER PFAUENPRACHT.
Dann könnte er die Vorsicht aufgeben
und einfach er selbst sein.

DORT, WO ER AUFGEWACHSEN WAR,

müssen Sie wissen,

WAR ALLES GANZ ANDERS –

im Land des Lernens.

Im Land des Lernens

GAB ES JEDE MENGE UNTERSCHIEDLICHER VÖGEL.

Dort gab es kluge Vögel (Eulen)
und mächtige Vögel (Adler);
jagende Vögel (Weihen)
und komische Vögel (Strauße);
elegante Vögel (Schwäne)
und unbeholfene Vögel (Tölpel).

Es war dicht bevölkert und laut,

EIN STÄNDIGES SUMMEN DER AKTIVITÄT

und das Drunter und Drüber

DES WETTBEWERBS.

DIE VÖGEL DORT MUSSTEN HART ARBEITEN,

und schnell lernen.

SIE MUSSTEN IHRE FÜNF SINNE

und ihre Phantasie beieinander haben,

WENN SIE ERFOLG HABEN WOLLTEN.

Es war eine belebende,

aber auch sehr raue

ATMOSPHÄRE!

Das Motto im Land des Lernens war:

STELL ES DIR VOR
PROBIER ES AUS
ZEIG, DASS ES GEHT.
MACH ES!

Alle Vögel
ARBEITETEN HART,
um zu zeigen,
was sie können
UND SICH IHREN PLATZ AN DER SONNE
zu verdienen.

Und die Vögel

IM LAND DES LERNENS

kamen durchaus nicht immer

FRIEDLICH MITEINANDER AUS.

Manchmal gab es auch

KONFLIKTE UND DIFFERENZEN,

Irritationen und Streit.

Aber Konflikte und Differenzen

STANDEN IN HOHEM ANSEHEN

in diesem Land,

denn die Vögel waren davon überzeugt,

DASS NUR SO NEUE IDEEN ERPROBT WERDEN KÖNNEN.

DISKUSSIONEN,

Debatten

UND STREIT –

so begann Erneuerung

UND FORTSCHRITTE WURDEN GEMACHT.

Niemanden kümmerte es,

OB MAN EIN PINGUIN WAR ODER EIN PFAU,

eine Taube oder eine Elster.

Gewitzt sein,

talentiert

und tüchtig

WAR ALLES, WAS ZÄHLTE.

Initiative,

Einfallsreichtum

und Resultate

WURDEN AM HÖCHSTEN GESCHÄTZT.

WICHTIG WAR, WAS IN EINEM STECKTE,

was man beitragen konnte –

UND NICHT, VON WELCHER ART ODER VON WELCHER FARBE

die Federn waren, die man trug.

DOCH AUF PERRY DEN PFAU

warteten ganz andere Herausforderungen,

ALS ER DAS LAND DES LERNENS VERLIESS,

um im Land der Pinguine

sein Glück zu machen.

ER WAR ES GEWOHNT, HART ZU ARBEITEN,

für seine Ideen zu kämpfen

und sich mit vielen verschiedenen Vögeln

zu messen.

ABER NICHTS IN SEINER ERZIEHUNG

hatte ihn

auf die bemerkenswerten Lebensgewohnheiten

UND DIE ABSONDERLICHEN GEBRÄUCHE

im Land der Pinguine vorbereitet.

ER WOLLTE GUTE ARBEIT LEISTEN

und erfolgreich sein.

ER FÜHLTE SICH GESCHMEICHELT,

dass diese mächtigen und angesehenen Pinguine

ihn angeworben hatten,

um für sie zu arbeiten,

UND ER WOLLTE ES IHNEN RECHT MACHEN.

ER BEOBACHTETE, WIE DIE PINGUINE GINGEN,

wie sie sprachen

und wie sie sich kleideten.

„Wie seltsam“,

dachte er bei sich,

„sie sehen alle gleich aus –

als wären sie geklont.“

ER WAR FASZINIERT

und verwirrt

zugleich.

Und als einige Zeit ins Land gegangen war,

BEGANNEN SEINE PROBLEME ...

EIN PAAR PINGUINE

begannen zu murren,

seine markante Pfauenstimme

SEI ZU LAUT.

DAZU MUSS MAN WISSEN,

dass die Pinguine

stets mit gedämpfter

UND MODULIERTER

Stimme sprechen,

und dass der Pfau mit seinem Gelächter

UND SEINEN ERREGTEN AUSRUFEN

ihre althergebrachte

Vorstellung von Anstand durcheinanderbrachte.

Perry zeigt seine Federn
JETZT IMMER ÖFTER,
denn er arbeitete hart,
UND SEINE LEISTUNGEN
waren beachtlich.

ALLE WAREN SICH EINIG,
dass er sehr talentiert
und tüchtig war,
und alle schätzten die
BEEINDRUCKENDEN RESULTATE
seiner Arbeit.

DOCH SEIN AUFFALLENDES,
farbenfrohes Äußeres
bereitete einigen der oberen Pinguine
UNBEHAGEN.

Viele andere Pinguine

IM LAND

freuten sich,

DIESEN EXTRAVAGANTEN NEUEN VOGEL

in ihrer Mitte zu haben.

Sie nannten Perry

„ein bisschen frischen Wind“

UND BEGRÜSSTEN SEINEN ÜBERSCHWANG.

Einige der jüngeren Pinguine
SCHLOSSEN WETTEN AB,
wie lange er es wohl machen würde
IM LAND DER PINGUINE.

Sie sahen,
WIE WENIG PINGUINARTIG ER WAR
und sie fragten sich,
wie lange die älteren Pinguine wohl
DARÜBER HINWEGSEHEN WÜRDEN.

Unter den oberen Pinguinen gab es einige,

DIE IHN UNTER IHRE FITTICHE NEHMEN

und fördern wollten.

„Weißt du“, sagten sie,

„wir schätzen deine Arbeit,

aber die älteren Pinguine

haben Probleme mit deiner Art.“

„Du musst dich ändern,

wenn es hier zu etwas bringen willst.“

„Warum ziehst du nicht einfach

einen Pinguinanzug an, damit du

aussiehst wie wir?“

„Der passt mir nicht“,
ANTWORTETE PERRY DER PFAU.

„Der Anzug ist zu eng,
er lässt mir keine Bewegungsfreiheit!
Meine Schwanzfedern werden zerdrückt
und meine Flügel können sich nicht gut bewegen.“

„Ich kann nicht arbeiten,
wenn ich mich nicht wohl fühle.“

Die älteren Pinguine sagten,

„Nun ja,
vielleicht könntest du dir wenigstens
deine Federn schwarz und weiß färben –
so wie unsere.“

„Dann würdest du zumindest
nicht mehr ganz so fremdartig
aussehen.“

„Warum kann ich denn nicht so bleiben wie ich bin?“,

fragte Perry.

IHR ANSINNEN VERUNSICHERTE UND VERLETZTE IHN.

„Ich arbeite hart,

ich produziere großartige Ergebnisse -

alle sagen das.“

„Warum könnt ihr nicht meine Arbeit beurteilen anstatt meiner Federn?“

„Sind nicht meine Leistungen wichtiger

als mein Aussehen?“

„Es ist doch nur eine Kleinigkeit“,

antworteten die Pinguine.

„Du bist intelligent und begabt.
Du könntest hier eine große Karriere machen.
Du musst dich nur
mehr wie wir benehmen,
dann werden die älteren Pinguine
ihr Unbehagen verlieren.“

„Zieh' einen Pinguinanzug an,
sprich leiser
und mach' nicht so große Schritte.“

„Achte einfach auf die anderen Pinguine
und schau, was die machen.“

„Versuche, so wie wir zu sein.“

PERRY GLAUBTE IHNEN,

dass sie ihm nur helfen wollten,

ABER IHRE WORTE VERLETZTEN IHN DENNOCH.

„Warum kann ich nicht so sein, wie ich bin?

Warum muss ich mich ändern,

um von euch akzeptiert zu werden?“

fragte er.

„So ist es eben einfach bei uns“,

sagten die Pinguine und zuckten mit den Schultern.

„Das ist überall so

im Meer der Unternehmen.“

Perry fürchtete, dass sie Recht hatten,
DOCH SEIN HERZ WOLLTE DAS NICHT AKZEPTIEREN.

Er dankte ihnen
FÜR IHRE RATSCHLÄGE
und dafür, dass sie sich um ihn sorgten,
UND ER GING NACH HAUSE IN SEIN NEST,
um sich das Ganze noch einmal
durch den Kopf gehen zu lassen.

Im Laufe der nächsten Wochen

UND MONATE

sprach er mit einigen anderen Vögeln,

DENEN ER VERTRAUTE,

über sein Problem.

Einige von diesen waren ebenfalls

NEUANKÖMMLINGE,

die man ungefähr zur gleichen Zeit

ANGEWORBEN HATTE,

als Perry im Land der Pinguine ankam.

VIELE VON IHNEN

hatten

die gleichen Erfahrungen gemacht ...

ALFRED DER ADLER

klagte, dass auch er

DEN DRUCK VERSPÜRTE,

sich anzupassen.

Er war klug

UND STECKTE VOLLER KRAFT,

und er machte seine Arbeit ausgezeichnet.

ER TRUG SOGAR DEN VORGESCHRIEBENEN PINGUINANZUG.

Doch Alfred konnte sich nicht

WIE EIN PINGUIN AUSDRÜCKEN

und benehmen,

und das irritierte seine Vorgesetzten.

SEIN DIALEKT

war ihnen peinlich,

deshalb schickten sie ihn zu

einer hoch angesehenen

UND TRADITIONSREICHEN

Managerakademie,

WO ER DEN RICHTIGEN SCHLIFF EINES FÜHRUNGSPINGUINS

bekommen sollte.

ABER ES FUNKTIONIERTE NICHT –

er war immer noch ein Adler im Pinguinanzug.

ER KONNTE SEIN WESEN NICHT ÄNDERN.

WANDA DIE WEIHE

hatte ähnliche Probleme.

SIE WAR SEHR SCHÖN UND SEHR STARK –

intelligent, wortgewandt und streitlustig.

SIE WAR EINE GESCHICKTE JÄGERIN

und liebte es, sich mit anderen zu messen.

IHRE PINGUINANZÜGE

bewiesen gelegentlich

ETWAS MEHR MUT ZUR FARBE

als die der männlichen Pinguine,

waren aber immer noch akzeptabel.

Wanda versuchte,

sich den Gebräuchen der Pinguine anzupassen,

DOCH IHRE RAUBVOGELNATUR

brach immer wieder durch.

IHRE KLAUEN WAREN SCHARF,

ihr Blick durchdringend,

IHR AUFTRETEN EINSCHÜCHTERND.

Ihr Jagdinstinkt

WAR IMMER WACH.

Und ihre aggressive Art

VERURSACHTE DEN ÄLTEREN PINGUINEN GROSSES UNBEHAGEN.

Dasselbe galt für Stefan den Stieglitz.

ER WAR EIN BESONDERS BRILLANTER VOGEL

kreativ,

PHANTASIEVOLL

und impulsiv.

Er sprühte vor Ideen

UND INTERESSIERTE SICH FÜR ALLES NEUE.

ER FLOG SCHNELL,

arbeitete hart,

HÜPFTE VON EINEM ORT ZUM ANDEREN

und sorgte dafür, dass überall

im Land der Pinguine

DINGE IN BEWEGUNG GESETZT WURDEN.

DOCH STEFAN FAND SCHNELL HERAUS,

dass Pinguine Reviervögel sind,

die sich ihre Bereiche einrichten,

DIE HACKORDNUNG FESTLEGEN,

und Vögel, die ihnen ins Handwerk pfuschen,

ohne dass man sie dazu eingeladen hat,

ÜBERHAUPT NICHT LEIDEN KÖNNEN.

Weil aber Stefan kein Pinguin war,

HATTE ER IN VIELEN SITUATIONEN GAR KEIN GESPÜR

für die Empfindlichkeiten

UND DAS REVIERGEHABE

der oberen Pinguine.

DURCH SEINE KREATIVE ADER UND SEINEN BLICK

für neue Chancen

ABSEITS DER AUSGETRETENEN PFADE

verärgerte er

einige von den älteren Pinguinen,

weil er sich auf ihrem Territorium tummelte.

SIE FÜHLTEN SICH BEDROHT UND EMPÖRTEN SICH

über seine Einmischung.

Wie Alfred der Adler

und Wanda die Weihe

TRUG STEFAN SEINEN PINGUINANZUG

und er mühte sich redlich,

DIE GEBRÄUCHE DER PINGUINE ZU ERLERNEN,

um von ihnen akzeptiert zu werden.

Aber letztendlich

KONNTE ER SEIN WESEN NICHT VERÄNDERN.

So war es auch

BEI SARAH DEM SCHWAN.

Sie war eine optimistische Träumerin

UND HATTE GANZ AUSSERGEWÖHNLICHE VISIONEN

für die Zukunft

im Land der Pinguine.

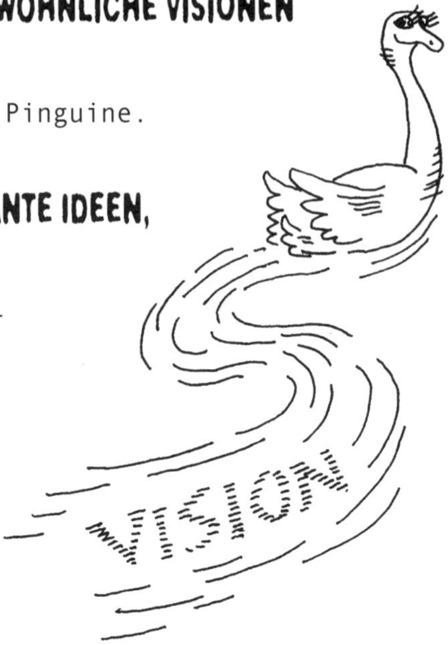

SIE HATTE INTERESSANTE IDEEN,

einzigartige Ideen,

gute Ideen –

DOCH IHRE IDEEN

fanden oft kein Gehör,

wenn sie sie mit ihrer sanften Stimme

leise vorbrachte.

IHRE ANMUTIGE ART

und ihr liebenswürdiges Benehmen

LIESSEN DIE PINGUINE

an ihrer Durchsetzungsfähigkeit

UND IHRER STÄRKE ZWEIFELN.

UND SO GAB ES NOCH EINIGE ANDERE ...

Sie alle hatten gemeinsam,
dass sie nicht
IM LAND DER PINGUINE
aufgewachsen waren.

Man hatte sie an anderen Orten
entdeckt
UND HIERHER GEHOLT.

DIE OBEREN PINGUINE

hatten diese Außenseiter
mit Erfolgsversprechen gelockt:

„Wir brauchen frisches Blut
und neue Ideen.
Wir sind beeindruckt von deinen bisherigen Leistungen
und erwarten, dass du bei uns
große Dinge bewegst."

DOCH

sobald die neuen Vögel
im Unternehmen arbeiteten,
verpassten die Oberen ihnen
PINGUINANZÜGE
und begannen Druck auf sie auszuüben,
MEHR WIE PINGUINE
zu reden,
zu handeln
und zu denken.

DIE PINGUINE SAGTEN:

„Wie legen Wert auf Vielfalt."

IHRE TATEN JEDOCH SPRACHEN EINE ANDERE SPRACHE.

DIE EXOTISCHEN NEUEN VÖGEL IM LAND DER PINGUINE

sprachen über ihre Enttäuschung und Unzufriedenheit,

und sie versuchten

SICH DARÜBER KLAR ZU WERDEN,

was sie tun sollten.

Einige von ihnen

wollten lieber

die Unternehmenskultur ändern

als sich

von ihr verändern zu lassen.

„Wir werden unsere Vorgesetzten

und die anderen wichtigen Pinguine bearbeiten“,

SCHWOREN SIE SICH.

„Natürlich nicht

zu offensichtlich.“

UND JEDER VON IHNEN

entwickelte seine eigene Strategie,

UM EINEN WANDEL

im Land der Pinguine

herbeizuführen.

ALFRED DER ADLER

entschied sich für eine

STRATEGIE DER UNTERSTÜTZUNG.

ERWISCHE DEINEN CHEF DABEI,
WIE ER ETWAS RICHTIG MACHT ...
(ODER WENIGSTENS HALBWEGS RICHTIG!)

JEDESMAL, WENN SEIN CHEF

sich irgendeine neue Idee

ZU EIGEN MACHTE,

gab ihm Alfred positives Feedback,

indem er sagte:

„Was ich wirklich an Ihnen schätze,

ist Ihre Bereitschaft,

Neues auszuprobieren.

Ihre Unterstützung

macht meine Arbeit

interessant

und lohnend.“

WANDA DIE WEIHE

hatte ihre eigenen Vorstellungen davon,

wie man Veränderungen herbeiführt.

Sie entwickelte eine

STRATEGIE DES HOFFNUNGSDENKENS.

> **HANDLE AUF DER BASIS**
> **VON ANNAHMEN,**
> **VON DENEN DU WÜNSCHST, DASS SIE WAHR WÄREN ...**
> **(MIT ALLER VORSICHT, NATÜRLICH!)**

Wanda schickte ihrem Chef

REGELMÄSSIG ZEITUNGSAUSSCHNITTE

und Magazinberichte

MIT EINEM KURZEN BEGLEITBRIEF,

in dem zu Beispiel stand:

„Weil ich weiß, dass Sie
ständig nach neuen Wegen suchen,
um unser Marketing zu verbessern,
habe ich sofort an Sie
gedacht, als ich
den beiliegenden Artikel
über die Bilanzrekord AG
in der letzten Ausgabe des
Journals für Erfolgsunternehmen las."

STEFAN DER STIEGLITZ

entschied sich für eine

äußerst kühne Strategie –

EINE STRATEGIE DER BEWUSSTEN IGNORANZ.

VERLETZE RUHIG
DIE PINGUINREGELN –
UND WENN MAN DICH ERWISCHT,
REAGIERE ÜBERRASCHT WIE EIN UNWISSENDER DELINQUENT.

Jedesmal, wenn man Stefan
WEGEN EINER BESTIMMTEN VORGEHENSWEISE
oder Entscheidung zur Rede stellte,
WAR ER SEHR VERWUNDERT
und erläuterte dann geduldig,
DASS SEINE ABKÜRZUNG
genau das erreichen würde, was
beim letzten Meeting
VON ALLEN ALS SEHR WICHTIG
bezeichnet worden war.

SARAH DER SCHWAN

war weitaus zurückhaltender
in ihrem Vorgehen;
sie versuchte es mit einer
STRATEGIE DES SICHEREN LERNENS.

VERMITTLE
DEINEN VORGESETZTEN
NEUE IDEEN, OHNE DASS SIE ES
SELBST MERKEN,
IN SITUATIONEN, WO SIE NICHT
UNTER DEM DRUCK STEHEN, SOFORT
STELLUNG ZU BEZIEHEN.

SARAH ERWÄHNTE

ihre Ideen und Vorschläge
GANZ BEILÄUFIG, IM PRIVATEN GESPRÄCH
außerhalb von Meetings und Konferenzen.

SO PFLANZTE SIE IHRE IDEEN EIN,

goss sie von Zeit zu Zeit
und hoffte, dass sie Wurzeln schlugen.

EINIGE DER ANDEREN VÖGEL –

die entschlossen waren,

SICH SELBST ZU ÄNDERN –

arbeiteten mit Feuereifer daran,

Pinguine zu werden.

SIE GINGEN IM PINGUINGANG

und sie sprachen in Pinguinfloskeln.

Sie putzten sich heraus

UND ÜBTEN UNABLÄSSIG,

um das gewünschte Resultat zu erzielen.

DOCH AM ENDE SCHEITERTEN SIE,

weil sie ihr innerstes Wesen

nicht ändern konnten.

Und einige wenige Vögel,
SO WIE PERRY,
machten nicht einmal den Versuch,
wie die Pinguine zu werden.

TIEF IM SEINEM HERZEN
wusste Perry einfach,
DASS ES IRGENDWO
im riesigen Meer der Unternehmen
wenigstens ein Land geben musste,
IN DEM MAN IHN ALS PFAU AKZEPTIEREN
und gerade wegen seiner Eigenarten
schätzen würde.

ER WIDERSTAND
den gut gemeinten Ratschlägen
und dem Druck der Pinguine
UND HIELT AN SEINER ÜBERZEUGUNG FEST,
dass man ihn nach seinen Leistungen
beurteilen sollte.

DOCH NACH UND NACH

wurde die Lage

IMMER UNERTRÄGLICHER

für Perry

und die anderen exotischen Vögel

im Land der Pinguine ...

Ihre Strategien,

DIE VERHALTENSWEISEN DER PINGUINE

zu ändern,

trafen auf

WIDERSTAND UND BÜROKRATISCHE HINDERNISSE.

Ihre Ideen und Bemühungen

WURDEN IGNORIERT

oder abgewiesen.

WENN SIE FRAGTEN WARUM,

antwortete man ihnen:

„Wir haben das hier schon immer so gemacht."

Die exotischen Vögel

MACHTEN DIE LEIDVOLLE ERFAHRUNG,

dass die Kultur

dieses Landes

TIEF VERWURZELT WAR.

Die Strukturen und Systeme

WAREN STEIF UND UNBEWEGLICH.

Die Unternehmensphilosophie und die

ENTSCHEIDUNGSHIERARCHIEN

sorgten dafür,

dass die vertrauten Pinguinabläufe und Prozeduren

BEIBEHALTEN WURDEN.

Es wurde immer deutlicher,

DASS DIE BEMÜHUNGEN EINZELNER,

Überzeugungsarbeit zu leisten

und Einfluß auszuüben,

ZUM SCHEITERN VERURTEILT WAREN

angesichts dieser

althergebrachten Traditionen

und Strukturen.

DIE EXOTISCHEN VÖGEL ERKANNTEN,

dass sich das Wesen der Pinguine,

das sich über so viele Jahre hin

entwickelt hatte,

NICHT SO LEICHT

und nicht so bald

verändern würde.

Auch ihre Versuche

SICH SELBST ANZUPASSEN

blieben ohne Erfolg,

weil sie

TIEF IN IHREM INNEREN

einfach keine Pinguine waren.

SIE KONNTEN IHR WAHRES WESEN

nicht verändern.

IHRE HERZEN WAREN VOLLER

Frustration,

Enttäuschung

UND TRAUER.

Sie waren

SO VOLLER HOFFNUNG

und mit großen Erwartungen

INS LAND DER PINGUINE GEKOMMEN.

Sie hatten etwas beitragen

UND ERFOLGREICH SEIN WOLLEN.

DOCH WAS SIE ERNTETEN

war stille Kritik,

ERSTICKENDE KONFORMITÄT

und unausgesprochene Ablehnung.

Und so kamen

Perry und die anderen neuen Vögeln

EINER NACH DEM ANDEREN

alle zu der gleichen Erkenntnis –

SIE KONNTEN NICHT SIE SELBST SEIN

im Land der Pinguine.

Sie mussten weiterziehen.

SIE WUSSTEN, IHRE ZUKUNFT

lag an einem anderen Ort

im riesigen Meer der Unternehmen.

Einige der neuen Vögel

VERLIESSEN DAS LAND DER PINGUINE

aus eigenem Antrieb.

Andere

wurden von den oberen Pinguinen

VOR DIE TÜR GESETZT,

die ihnen sagten:

„Ihr stört den Betriebsfrieden.

Ihr passt nicht hierher.

Ihr müsst gehen.“

Ob sie nun von sich aus aufgaben

oder vor die Tür gesetzt wurden –

ALLE VÖGEL, DIE GINGEN,

hatten etwas gemeinsam:

DIE SCHMERZLICHE UND VERWIRRENDE ERFAHRUNG

anders zu sein

UND DAS TRAURIGE GEFÜHL DER ENTTÄUSCHUNG,

weil sie nicht als das akzeptiert wurden,

was sie waren.

ALLE DIESE EXOTISCHEN VÖGEL

hatten mit dem gleichen Problem

gekämpft:

Wie sehr konnten oder wollten sie sich ändern,

um dazuzugehören

und akzeptiert zu werden

im Land der Pinguine,

und in welchem Maß

konnten sie sie selbst sein?

Welchen Preis wären sie bereit zu zahlen,

um Erfolg zu haben?

Und auch die Pinguine hatten ein Problem:

WIE VIEL VIELFALT

konnten sie ertragen in ihrem Land,
ohne sich unwohl zu fühlen?

Würden nicht
ALL DIESE UNTERSCHIEDE
die Harmonie ihrer Unternehmenskultur
in Gefahr bringen?

IMMERHIN

hatten die Pinguine

viele erfolgreiche Jahre lang

STATTLICHE GEWINNE DAMIT ERWIRTSCHAFTET,

sich an altehrwürdigen Pinguintraditionen

und Geschäftsmethoden zu orientieren.

ES WIDERSTREBTE IHNEN,

ihren Stil zu ändern,

der sie groß gemacht hatte.

UND SIE WAREN SEHR ENTTÄUSCHT,

dass so viele ihrer

neu angeworbenen Mitarbeiter

SICH ALS FEHLGRIFFE ERWIESEN.

Perry der Pfau

WAR DER ERSTE, DER GING.

ER HATTE VIELE FREUNDE

in anderen Ländern.

Diese berichteten

VON EINEM WUNDERSAMEN ORT,

den sie auf ihren Reisen

besucht hatten.

Sie nannten ihn

DAS LAND DER MÖGLICHKEITEN.

DORT,

so erzählten sie ihm,

werde man seine Arbeit

UND SEINEN BEITRAG ZUM ERFOLG

schätzen –

und seine Individualität

begrüßen,

ANSTATT SIE ZU KRITISIEREN.

Dort könne er

FARBENPRÄCHTIG,

extravagant

UND ENTHUSIASTISCH SEIN

und man würde ihn

FÜR SEINEN BESONDEREN STIL BEWUNDERN.

WAR ES MÖGLICH,

dass diese Berichte der Wahrheit entsprachen?

War das der Ort,

VON DEM ER GETRÄUMT HATTE?

ER MUSSTE GEHEN

und es herausfinden.

Als Perry

IM LAND DER MÖGLICHKEITEN ANKAM,

fand er schnell heraus,

DASS ES DORT GANZ ANDERS ZUGING

als im Land der Pinguine ...

HIER VERSCHWENDETEN

Arbeiter und Vorgesetzte

KEINE ZEIT UND ENERGIE DAMIT,

so zu tun als seien sie

jemand anderes.

Sie wussten,

DASS SIE VIELE VERSCHIEDENE ARTEN VON VÖGELN

brauchten,

UM IM TURBULENTEN UND VOM WETTBEWERB BEHERRSCHTEN

Meer der Unternehmen zu bestehen.

Und sie wussten, dass

DIE WICHTIGSTEN VORAUSSETZUNGEN

für gemeinsamen Erfolg

GEGENSEITIGE ACHTUNG UND VERTRAUEN SIND.

ACHTUNG UND VERTRAUEN

erlauben es jedem Vogel,

SEIN EIGENES LIED ZU SINGEN

in der Gewissheit, das es gehört werden wird – auch von denen, die eine andere Stimmlage haben.

Alle Vögel

SAGTEN, WAS SIE DACHTEN,

und der lebhafte Austausch

UNTERSCHIEDLICHER STANDPUNKTE

sorgte dafür,

dass ihre Arbeit

und ihre Methoden

SICH BESTÄNDIG VERBESSERTEN.

Das Beste war:

SIE HATTEN VERTRAUEN

zu ihren Führern,

VÖGEL UNTERSCHIEDLICHSTER ART UND HERKUNFT,

die in ihre Positionen

aufgestiegen waren

durch Talent,

Geschick,

und Können.

Das Motto in diesem Land hieß:

EINIGE VÖGEL SCHWAMMEN

viele flogen

und andere dachten

gar nicht daran,

DEN FESTEN BODEN ZU VERLASSEN.

So betrachteten sie die Welt

AUS DEN UNTERSCHIEDLICHSTEN BLICKWINKELN –

und sie teilten ihre Ansichten

UND ERKENNTNISSE

ganz selbstverständlich

miteinander.

IHR GETEILTES WISSEN MACHTE SIE WEISE.
UND IHRE WEISHEIT MACHTE SIE ERFOLGREICH.

Perry wusste sofort,

ER HATTE SEIN NEUES ZUHAUSE GEFUNDEN.

UND IM LAUF DER MONATE

und Jahre

KAMEN NACHEINANDER AUCH

Alfred der Adler,

Wanda die Weihe,

Stefan der Stieglitz

und Sarah der Schwan

INS LAND DER MÖGLICHKEITEN.

Perry hatten ihnen

von der Freiheit

UND DER AUFGESCHLOSSENHEIT

dort erzählt.

IN DIESEM LAND

konnte Alfred frei und hoch fliegen,

so schnell und so weit

IHN SEINE SCHWINGEN TRUGEN.

Man bewunderte

SEINE ELEGANZ UND SEINE KRAFT –

und bemerkte, welch ein gutes Vorbild er sei

FÜR DIE JÜNGEREN VÖGEL,

die aus bescheidenen Verhältnissen kamen

und ehrgeizige Träume hatten,

sich auch eines Tages

IN SCHWINDELNDE HÖHEN AUFZUSCHWINGEN.

Alfreds merkwürdiger Dialekt

(den er immer noch sprach)

FIEL ÜBERHAUPT NIEMANDEM AUF.

WANDA,

die die Pinguine

mit ihrer bestimmten Art

UND IHREM GROSSEN EHRGEIZ

verunsichert hatte,

fand im Land der Möglichkeiten einen Ort,

AN DEM SIE WILLKOMMEN WAR.

Ihre Kollegen

SCHÄTZTEN IHR JAGDGESCHICK

und ihre Fähigkeit,

wechselnde Trends

UND MARKTLÜCKEN

für neue Projekte

auszumachen.

OFT ERHIELT SIE KOMPLIMENTE

für ihre elegante Erscheinung

und ihren unverwechselbaren Stil.

Sie war die perfekte Besetzung

für ihre neue Position

IM LAND DER MÖGLICHKEITEN.

Stefan erlebte

ENDLICH

die Befriedigung,

VON PROJEKT ZU PROJEKT SPRINGEN ZU KÖNNEN,

mit Volldampf zu arbeiten

und, wo immer er hinkam,

NEUE IDEEN ANZUREGEN.

Nun, da er nicht länger

DURCH STARRE HACKORDNUNGEN

und das Territorialdenken der Pinguine

eingeengt wurde,

ERLEBTE ER EINEN PRODUKTIVITÄTSSCHUB –

und die anderen waren sprachlos

über seinen unerschöpflichen Ideenreichtum.

AUCH SARAH

mit ihrer träumerischen,

nachdenklichen,

phantasievollen

Arbeitsweise

FAND FREUNDLICHE AUFNAHME

im Land der Möglichkeiten.

Hier konnte sie

PROJEKTE ENTWERFEN UND VERFOLGEN,

wie sie es nie für möglich gehalten hätte

an einem Arbeitsplatz.

ANDERE VÖGEL GESELLTEN SICH ZU IHR,

weil sie mit ihr arbeiten

und an der Verwirklichung

IHRER TRÄUME

teilhaben wollten.

Sie wurde geschätzt

FÜR DIE FREIHEIT,

die sie anderen einräumte,

UND FÜR IHRE SANFTE ART DER FÜHRUNG.

Alle diese Vögel
WUCHSEN UND GEDIEHEN
wie niemals zuvor.

SIE FÜHLTEN SICH BESTÄTIGT
und geschätzt
VON DEN ANDEREN VÖGELN
im Land.

Sie erlebten eine neue Freiheit,
DIE IHNEN HÖHENFLÜGE ERLAUBTE –
jedem auf seine eigene, unverwechselbare Weise.

Sie arbeiteten hart
UND GENOSSEN
die Früchte ihrer Arbeit.

VOR ALLEM ABER

spürten sie nun das Glück,
einfach nur sie selbst zu sein.

PERRY DER PFAU ZEIGT SEIN
farbenfrohes Gefieder;

ALFRED DER ADLER SCHWANG SICH VOLLER KRAFT
und Eleganz durch die Lüfte;

WANDA DIE WEIHE BEHIELT ALLES IM AUGE UND JAGTE
nach neuen Gelegenheiten;

STEFAN DER STIEGLITZ FOLGTE SEINEN
kreativen Neigungen und innovativen Ideen
und

SARAH DER SCHWAN FOLGTE DEN TRENDS
und Strömungen.

Perry und seine Freunde

FANDEN EIN GUTES LEBEN

und eine rosige Zukunft

IM LAND DER MÖGLICHKEITEN.

HIER

konnten sie alle erfolgreich sein -

JEDER AUF SEINE ART -

und ihren Beitrag leisten

der begrüßt und geschätzt wurde

von Kollegen

und Mitarbeitern.

ES WURDE IHNEN KLAR,

dass das Land der Möglichkeiten

mehr ist als ein Ort ...

ES IST EINE GEISTESHALTUNG.

DAS LAND DER MÖGLICHKEITEN IST EINE EINSTELLUNG.

ES IST

die Offenheit für neue Ideen,
die Bereitschaft zuzuhören,
der Wille zu lernen,
der Wunsch sich weiterzuentwickeln
und die Flexibilität etwas zu verändern.

Das Land der Möglichkeiten
IST EINE NEUE ART, MITEINANDER UMZUGEHEN.

ES WIRD ZUR REALITÄT,
wenn wir aufhören, einander
nach oberflächlichen Merkmalen zu beurteilen,
UND DAMIT BEGINNEN,
jeden Einzelnen
um seiner unverwechselbaren
Talente,
Fähigkeiten
und Werte willen
anzuerkennen
und zu achten.

Das Land der Möglichkeiten

IST DORT, WO WIR LEBEN UND ARBEITEN,

wenn wir uns darauf einlassen,

mit neuen Augen zu sehen,

UNSEREN HERZEN ZU FOLGEN

und uns selbst

und andere

als das akzeptieren, was wir wirklich sind ...

WIR SELBST.

ENDE

NACHWORT

... und was ist mit dem Land der Pinguine?

Ihre Geschichte setzt sich tagtäglich fort
in Konzernen und Unternehmen
ÜBERALL AUF DER WELT ...

TEIL II

Erste Hilfe für gefiederte Freunde

Für Pfauen und andere exotische Vögel, die den Weg in ihr eigenes Land der Möglichkeiten suchen ...

Sind Sie ein Pfau (oder ein anderer exotischer Vogel)?

Ja	Nein		
☐	☐	1.	Haben Sie oft das Gefühl, dass Sie in Ihr Unternehmen oder Ihre Abteilung nicht hineinpassen – dass Sie in irgendeiner fundamentalen Weise *anders* sind?
☐	☐	2.	Kritisiert man Sie dafür, dass Sie kein „Team Player" sind? („Team Player sein" = Umschreibung dafür, sich Gruppenzwängen unterzuordnen.)
☐	☐	3.	Fühlen Sie sich von Ihrem Chef oder von anderen dazu gedrängt, sich in einer wesentlichen Hinsicht zu verändern, um sich anzupassen?
☐	☐	4.	Fühlen Sie sich gemieden, einsam, aus Entscheidungsvorgängen und dem Informationsfluss ausgeschlossen?
☐	☐	5.	Haben Sie Schwierigkeiten damit, in irgendjemandem aus der Führungsspitze Ihres Unternehmens ein Vorbild zu sehen?
☐	☐	6.	Werden Ihre Ideen und Vorschläge regelmäßig mit Begründungen wie „wir machen das hier immer anders" abgelehnt?
☐	☐	7.	Haben Sie oft das Gefühl, dass man Ihre Fähigkeiten und Begabungen zu wenig (oder gar nicht) wahrnimmt, während andere, die weniger qualifiziert sind, belobigt und befördert werden?
☐	☐	8.	Fragen Sie sich hin und wieder: „Was stimmt bloß mit mir nicht?"
☐	☐	9.	Fühlen Sie sich eingeengt, gefangen oder frustriert durch ein unsichtbares „System"?
☐	☐	10.	Werden Sie oft ignoriert, unterbrochen oder abgewürgt, wenn Sie bei Meetings Bemerkungen oder Vorschläge machen?
___	___		Summe

Wenn Sie sechs oder mehr dieser Fragen mit „ja" beantwortet haben, sind Sie definitiv ein Pfau oder ein anderer exotischer Vogel in Ihrem Unternehmen!

Wenn Sie vier oder fünf Fragen mit „ja" beantwortet haben, sind die Gefühle, mit denen Sie zur Arbeit gehen, wahrscheinlich gemischter Natur. In mancher Hinsicht fügen Sie sich nahtlos ein, in anderer Hinsicht tun Sie sich schwer.

Wenn Sie drei oder weniger Fragen mit „ja" beantwortet haben, sind Sie vermutlich entweder ein Pfau im Land der Möglichkeiten oder ein Pinguin im Land der Pinguine. Tatsache ist, dass Sie dort, wo Sie arbeiten, ziemlich gut hinpassen.

Überlebensstrategien für Pfauen, die bleiben wollen

1. Auch wenn es frustrierend sein kann, anders zu sein als die anderen – lassen Sie auf keinen Fall Ihre Arbeit darunter leiden. Geben Sie bei allem, was Sie tun, Ihr Bestes. Ihre berufliche Erfolgsbilanz ist Ihr wichtigstes Aushängeschild – im Land der Pinguine ebenso wie außerhalb.
2. Suchen Sie den Kontakt zu anderen exotischen Vögeln (sowohl innerhalb ihres Unternehmens als auch außerhalb) – für Freundschaften, Networking und moralische Unterstützung.
3. Es ist Ihre Entscheidung, wie sehr Sie sich anpassen können und wollen, um in den Augen der Pinguine Erfolg zu haben. Treffen Sie diese Entscheidung bewusst und wohl überlegt. Welchen Preis sind Sie bereit zu zahlen? (Lesen Sie dazu auch den Abschnitt „Jedem Vogel seine Strategie".)
4. Seien Sie flexibel genug, bei wichtigen Gelegenheiten oder wenn es sich nicht vermeiden lässt, auch einmal den Pinguinanzug anzuziehen. Betrachten Sie es als „Pinguintarnung".
5. Vergessen Sie nie, dass Ihr Anderssein keine Schuld oder Verpflichtung sich anzupassen beinhaltet. Mit Ihnen ist alles in Ordnung. Ihre Talente, Fähigkeiten und Ideen sind wertvoll, auch wenn die Pinguine das nicht würdigen können oder wollen.

Tipps für Pfauen, die davonfliegen wollen

1. Sehen Sie den Tatsachen ins Auge. Sie werden in fast jedem Unternehmen zumindest *einige* Pinguine finden – besonders in großen Firmen und Konzernen.
2. Lassen Sie besser die Finger von Unternehmen, die stark von Pinguinen geprägt sind. Wenn Sie noch in einem solchen arbeiten, halten Sie nach einem innovationsfreundlicheren Arbeitsplatz Ausschau (wobei Sie besonders bei kleinen, aufstrebenden Firmen gute Chancen haben).
3. Denken Sie darüber nach, sich selbständig zu machen. Dieser Schritt kommt sicherlich nicht für jeden in Frage, aber viele exotische Vögel finden ihr Glück abseits ausgetretener Pfade und starrer Hierarchien, indem sie ihr eigener Chef werden.
4. Trösten Sie sich mit der Erkenntnis, dass Sie nicht allein sind. Es gibt viele, viele Pfauen und andere exotische Vögel, die die gleichen Erfahrungen machen wie Sie. Halten Sie nach ihnen Ausschau, nehmen Sie mit ihnen Kontakt auf, fragen Sie sie um Rat – und schöpfen Sie Kraft aus ihrem Erfolg.
5. Seien Sie ein gutes Vorbild für andere Exoten. Unterstützen Sie andere Vögel und ermutigen Sie diejenigen, die anders sind, ihren individuellen Weg zu Glück und Erfolg zu finden.

Jedem Vogel seine Strategie

Wenn Sie ein Pfau oder ein anderer exotischer Vogel in Ihrem Unternehmen sind, dann stehen Ihnen verschiedene Wege offen. Sie können sich entscheiden zu bleiben oder Sie können davonfliegen – in ein anderes Unternehmen oder in die Selbständigkeit.

Wenn Sie bleiben, stehen Sie vor der Wahl, wie Sie mit Ihrer Situation umgehen wollen. Es gibt eine ganze Reihe von Strategien und Taktiken, wie man am besten in einem nicht optimalen Arbeitsumfeld überlebt (und vielleicht sogar gedeiht!). Jede der Strategien, die hier beschrieben ist, hat ihre Vor- und Nachteile. Einige von ihnen werden Ihnen realistisch und in Ihrer Situation durchführbar erscheinen. Einige mögen Ihnen weltfremd und geschmacklos vorkommen. Möglicherweise gibt es welche, die Ihnen zusagen, aber Sie sind unsicher, ob Sie damit durchkommen. Noch andere mögen an Firmen-Tabus rühren oder ihre weiteren Karrierechancen beeinträchtigen.

Besprechen Sie diese Strategien mit Freunden, denen Sie vertrauen. Bewerten Sie sie im Kontext Ihrer persönlichen Situation, bevor Sie festlegen, welche Sie einsetzen wollen. Niemand anders als *Sie* kann entscheiden, was für Sie selbst und für Ihre weitere Karriere am besten ist. Vielleicht gelingt es unserer Liste von Strategien, Sie ein wenig zu inspirieren, wenn Sie Ihre weitere berufliche Entwicklung planen – im Land der Pinguine oder anderswo.

LACHMÖWEN-STRATEGIE

Bleiben Sie vergnügt. Versuchen Sie, das Beste aus einer schwierigen Situation zu machen. Vielleicht gehören Sie zu den Menschen, die in jeder Situation etwas Positives entdecken können. Sie sind von Natur aus Optimist, sehen zuerst das Gute in anderen und entdecken einen Silberstreif an jedem Horizont. Diese Strategie kann ziemlich wirksam sein, denn die eigene Erwartungshaltung beeinflusst in vielen Situationen tatsächlich das Endresultat. Und selbst wenn das einmal nicht funktioniert, haben Sie die Gabe, eine Zitrone in Limonade zu verwandeln!

PAPAGEIEN-STRATEGIE

Ahmen Sie Ihr Umfeld nach. Versuchen Sie, sich zu gut wie möglich anzupassen. Wer diese Strategie einsetzt, ist gut darin, sich einzufügen, ist flexibel, anpassungsfähig und kann sich fast überall einordnen. Dies ist eine wirkungsvolle Strategie, die manchmal zu großem Karriereerfolg führt. Doch Papageien müssen sich bewusst sein, dass der persönliche Preis, den sie für eine solche Anpassung zahlen, sehr hoch sein kann. Einige von ihnen führen am Ende beinahe ein Doppelleben. Sie legen sich eine eigene Arbeitsplatz-Persönlichkeit zu und können sich nur noch in ihrer Freizeit entspannt und natürlich geben. Überlegen Sie es sich gut, bevor Sie für den beruflichen Erfolg Ihre Seele verkaufen.

REBHUHN-STRATEGIE

Seien Sie neutral und werden Sie Teil der Szenerie. Wenn Sie sich ruhig verhalten, wird niemand Sie bemerken. Diese Strategie kann Ihnen Ihren Arbeitsplatz lange erhalten – und vielleicht gehören Sie zu den Leuten, die glücklich und zufrieden damit sind, auf diese Weise durch ihr Berufsleben zu flattern. Viele Gefahren und Bedrohungen in Ihrem Unternehmen werden an Ihnen vorübergehen. Weil Sie nicht auffallen, stehen die Chancen gut, dass niemand Sie auf Korn nimmt. Allerdings werden Sie auch nie das euphorische Gefühl erleben, das sich einstellt, wenn man neue Ideen einbringt, Risiken eingeht oder in einer Sache, die einem wichtig ist, gegen alle Widerstände seinen Standpunkt vertritt. Und natürlich wird es Ihnen schwer fallen, sich bei Ihren Vorgesetzten für die nächste Beförderung oder Gehaltserhöhung zu empfehlen.

EISVOGEL-STRATEGIE

Seien Sie schnell; seien Sie tüchtig. (Ein bewegliches Ziel ist schwer zu treffen.) Mit dieser Strategie können Sie sehr weit kommen und viel Erfolg in Ihrem Unternehmen und in Ihrer Karriere haben. Man wird Sie als gute Arbeitskraft schätzen, die verlässlich ist und für schnelle Ergebnisse garantiert.

KANARIEN-STRATEGIE

Seien Sie farbenfroh und unwiderstehlich; finden Sie Ihren Platz im Zentrum wohlwollender Aufmerksamkeit. Wer charmant und unterhaltsam ist, kann es im Beruf wie im Privatleben weit bringen. Das gilt für einige Bereiche ganz besonders. Für Menschen, die in Marketing, Verkauf, Öffentlichkeitsarbeit oder Personalwesen tätig sind, ist es geradezu die natürliche Strategie. Sie kann aber in anderen Bereichen genauso wirksam sein. Doch vergessen Sie nicht, dass gefälliges Auftreten allein nicht ausreicht. Wenn Sie keine Substanz hinter der hübschen Fassade haben, wird man das früher oder später bemerken.

SCHWANEN-STRATEGIE

Ernten Sie Respekt dadurch, dass Sie Ihre Arbeit mit Würde erledigen. Einige Menschen werden von anderen wegen ihrer besonderen Ausstrahlung respektiert. Sie vermitteln ein Bild von innerer Ruhe und Selbstbewusstsein. Dahinter stehen oft ein tief verwurzeltes Selbstwertgefühl oder besondere Kompetenzen und Fähigkeiten. Schwäne können im Berufs- und Privatleben sehr erfolgreich sein.

GEIER-STRATEGIE

Sie sind anders ... na und?! Stehen Sie über solchen Kleinigkeiten und machen Sie sich dadurch unentbehrlich, dass Sie die Jobs erledigen, die niemand sonst haben will. Jede Organisation braucht Aasfresser – Leute, die sich der Aufgaben annehmen, bei denen andere nur die Nase rümpfen. Sie könnten die „Mission Impossible"-Projekte in die Hand nehmen, an die sich niemand sonst herantraut; oder Sie könnten freiwillig die Routinearbeiten erledigen, die sterbenslangweilig, aber für das Unternehmen lebensnotwendig sind. Manch einem gelingt es, mit dieser Geier-Strategie zu einer Schlüsselfigur in seinem Unternehmen zu werden.

EULEN-STRATEGIE

Werden Sie wichtig für Ihr Unternehmen als Experte für etwas, das man im Unternehmen braucht. Jedes Unternehmen braucht Eulen – technische Spezialisten, Experten für unterschiedliche Fachgebiete oder ganz einfach Altgediente mit viel Durchblick und Einblick in Firmengeschichte und Firmen-Knowhow. Als Eule können Sie zu einem unverzichtbaren Teil Ihrer Abteilung oder Firma werden.

WEIHEN-STRATEGIE

Werden Sie wertvoll für das Unternehmen durch Ihr Jagdgeschick, ergattern Sie neue Geschäfte und neue Chancen. Weihen sind in jeder Organisation wertvoll. Normalerweise werden sie geschätzt und sehr gut behandelt, auch wenn sie sich etwas von der großen Mehrheit ihrer Mitarbeiter unterscheiden. Ihre Arbeitsplatzsicherheit und Ihre Aufstiegschancen sind das Resultat Ihrer Fähigkeit, Gelegenheiten zu erkennen, Geschäfte an Land zu ziehen und Wachstum für das Unternehmen zu schaffen.

TAUBEN-STRATEGIE

Werden Sie zum Friedensstifter, zum Vermittler und Problemlöser. Das ist eine wichtige Rolle, denn in allen Organisationen gibt es Probleme und Konflikte – sei es im operativen Bereich, in den Beziehungen zwischen Arbeitnehmer und Arbeitgeber, bei der Budgetierung, im Marketing oder wo auch immer. Wenn Sie das Talent haben, Konflikte zu entschärfen, verwickelte Sachverhalte zu überblicken und Probleme zu lösen, wird man Sie in Ihrem unternehmen – in *jedem* Unternehmen! – schätzen.

ADLER-STRATEGIE

Erheben Sie sich über die Situation und übernehmen Sie eine führende Rolle dabei, Ihr Unternehmen zum Besseren zu verändern. Es ist nicht leicht, ein Adler zu sein. Oft bedeutet es, für ein höheres Ziel die eigenen Gefühle zurückzustellen und persönliche Opfer zu bringen, die auf lange Sicht allen zum Nutzen gereichen werden. Man zahlt immer einen Preis dafür, Führung zu übernehmen, es hat aber auch seine lohnende Seiten. Wollen Sie eine Führungsrolle in Ihrer Organisation übernehmen? Können Sie einen Beitrag dazu leisten, bessere Arbeitsbedingungen und Zukunftschancen für Ihr Unternehmen zu schaffen? Wenn ja, dann breiten Sie die Schwingen aus und fliegen Sie, so hoch Sie können. Die Welt braucht mehr (und bessere) Führung!

PFAUEN-STRATEGIE

Machen Sie andere durch Ihr unglaubliches Talent und Ihre brillanten Ergebnisse sprachlos. Vergessen Sie aber nicht, dass andere sich im Angesicht Ihres Glitzerns und Funkelns unwohl fühlen und Ihren Erfolg als Bedrohung empfinden könnten. Pfauen können als Überflieger in jedem Bereich Erfolg haben, doch wird ihre Strategie immer dann nach hinten losgehen, wenn sich andere durch ihr Auftreten abgestoßen fühlen. Sie werden lernen müssen, wann es in Ordnung ist, ein Rad zu schlagen und auf sich aufmerksam zu machen und wann Sie Ihre Federn besser bescheiden zusammengefaltet tragen. Die meisten Menschen sind gerne mit Pfauen zusammen, doch manchmal übertreiben es die Pfauen ein wenig mit ihrem stolzen Gehabe (was dann zu einem Problem werden kann). Viele Pinguinunternehmen dulden überhaupt kein pfauenhaftes Auftreten, so dass ein Pfau sich die Wahl seines Arbeitsplatzes gut überlegen muss. Er sollte sich darüber im Klaren sein, dass er in einem solchen Unternehmen sein Verhalten ändern muss.

STRAUSSEN-STRATEGIE

Stecken Sie Ihren Kopf in den Sand und tun Sie so, als sei alles in Ordnung. Diese Strategie kann eine ganze Zeit lang funktionieren, aber auf lange Sicht wird sie Ihnen vermutlich nicht wirklich helfen. Wer seine Augen vor den Realitäten im eigenen Unternehmen verschließt, gefährdet seine Aufstiegschancen und wird von Veränderungen oder Attacken auf die eigene Position meist unvorbereitet überrascht.

HÜHNER-STRATEGIE

Ducken Sie sich und jammern Sie darüber, wie schlecht alles ist, aber ergreifen Sie nicht die Initiative, um etwas zu ändern. Ihnen ist klar, dass es Probleme im Unternehmen gibt – Probleme, die auch auf Sie negative Auswirkungen haben. Aber Sie besitzen nicht den Mut und die Selbstsicherheit, ein Risiko einzugehen, indem Sie versuchen, etwas zu ändern. Mit dieser Strategie sind Sie möglicherweise auf der sicheren Seite; sie anzuwenden bedeutet jedoch auch, dass Sie Ihr Gefühl, machtlos und nur ein winziges Rädchen im Getriebe zu sein, noch verstärken.

GÄNSE-STRATEGIE

Ziehen Sie einen sauberen Schlussstrich und fliegen Sie gen Süden, um sich eine angenehmere Umgebung zu suchen. Manchmal ist es wichtig, die Ausweglosigkeit einer Situation zu erkennen, einen Schlussstrich zu ziehen und weiterzufliegen. Wenn es unüberbrückbare Differenzen gibt zwischen Ihnen und Ihrem Unternehmen (oder zwischen Ihnen und Ihrem Chef) und wenn keine der anderen Strategien Ihnen praktikabel erscheint, dann könnte es die bessere Idee sein, das Unternehmen zu verlassen. Das ist natürlich eine sehr persönliche Entscheidung und nur Sie selbst können ermessen, ob es in Ihrem Fall die richtige Wahl ist.

ANDERE STRATEGIEN

Seien Sie kreativ und erfinden Sie weitere!

Ein Pinguin hat auch seine guten Seiten (was Pfauen von Pinguinen lernen können)

Es ist leicht, sich über Pinguine zu ärgern – besonders, wenn man selbst ein Pfau ist. Pinguine lieben ihre Routine und können arrogant und wichtigtuerisch sein. Aber man sollte nicht vergessen, dass die meisten Pinguine gute Absichten verfolgen. Sie sind zwar unbeweglich und engstirnig, aber das heißt nicht, dass sie für das Unternehmen völlig nutzlos wären. Auch wenn man keinen Wert darauf legt, dass Kurzsichtigkeit und bürokratische Lähmungserscheinungen im eigenen Unternehmen die Oberhand gewinnen, gibt es doch einige Dinge, die wir aus unserem Umgang mit Pinguinen lernen können. Hier sind ein paar Beispiele:

1. Manchmal ist es besser, auf der sicheren Seite zu bleiben, wenn man neue Ideen und Projektvorschläge bewertet. Es ist gut, seinen kreativen Instinkten zu folgen, doch wenn man auch gelegentlich einmal die Pinguinperspektive einnimmt, kann das davor bewahren, zu impulsiv zu sein. Ideal ist es, wenn man lernt, *kalkulierte* Risiken einzugehen und unnötige zu vermeiden.
2. Weil in vielen großen und kleinen Unternehmen Pinguine in den Schlüsselpositionen sitzen, ist es wichtig, dass man mit ihnen sachlich kommunizieren kann. Sie tun gut daran, einen Pinguinanzug zur Hand zu haben und die wichtigsten Pinguinphrasen zu erlernen, damit Sie nötigenfalls mit hochgestellten Pinguinen verhandeln und sie beeinflussen können. Betrachten Sie es als eine Übung in Flexibilität. Je besser Sie mit Pinguinen (und mit allen Arten von Vögeln) umgehen können, umso erfolgreicher werden Sie sein.
3. Die meisten Pinguine beharren auf ihrer Pinguinart, weil sie ihnen in der Vergangenheit Erfolg gebracht hat (das gilt natürlich besonders für die Pinguine in Führungspositionen). Was können Sie daraus lernen? Welche Einstellungen und Verhaltensweisen haben *Sie* in der Vergangenheit erfolgreich gemacht? Werden dieselben Dinge Sie auch in Zukunft erfolgreich machen, oder müssen Sie Ihr Repertoire erweitern? Gibt es Pinguineigenschaften, die Ihnen von Nutzen sein könnten?
4. Gibt es bestimmte Jobs oder Aufgabenbereiche, für die Pinguine besonders geeignet sind? Ein bestimmtes Maß an Tradition, institutionellem

Denken und Detailbesessenheit braucht man in jedem Unternehmen. Platzieren Sie Pinguine an Positionen, wo sie tun können, was ihnen liegt. Setzen Sie ihre Stärken ein, damit auch sie zum Erfolg des Unternehmens beitragen können.

In jedem von uns steckt ein kleiner Pinguin

Die Pinguinmetapher in unserer Geschichte bezieht sich auf alle, die engstirnig, traditionsfixiert, risikoscheu und konservativ sind, die unempfänglich sind für neue Perspektiven oder Ideen und festgelegt auf die Art, wie sie ihre Arbeit schon immer gemacht haben. Pinguine *können* Manager und Führungskräfte sein – sie müssen es aber nicht. Man kann sie auf jeder Hierarchieebene eines Unternehmens finden. Vergessen Sie nicht: Ein Pinguin zu sein ist eine Geisteshaltung, eine Lebenseinstellung, eine bestimmte Art der Weltbetrachtung.

Wenn wir ganz ehrlich tief in uns hineinschauen, finden wir wahrscheinlich auch in uns selbst einen kleinen Pinguin – auch wenn wir es vielleicht nicht so gerne zugeben. Selbst der farbenprächtigste Pfau hat vermutlich irgendwo in seinem Inneren ein Paar Pinguinzüge. Wir alle haben Bereiche in unserem Leben, in denen wir ebenso engstirnig, unflexibel und neuen Ansätzen unzugänglich sind wie der frostigste Pinguin. Wir sind Gewohnheitstiere, die ihre Routine nicht ändern wollen.

- „Ich nehme *immer* diesen Weg zur Arbeit."
- „Bei Meetings und Versammlungen sitze ich immer auf diesem Platz."
- „Das Ende des Toilettenpapiers sollte immer nach vorn über die Rolle herunterhängen, nicht hinten an der Wand."
- „Gläser und Tassen müssen im Küchenschrank mit der Öffnung nach unten stehen und nicht anders herum. Das weiß doch jeder."

Quak, quak, quak. Da hören wir uns selbst, wie wir uns dagegen wehren, Dinge einmal anders zu tun. Es steckt *wirklich* in jedem von uns ein kleiner Pinguin.

Das ist nichts Schlechtes, es ist normal. Wichtig ist, dass wir uns dieser Pinguintendenzen bewusst sind, wenn sie auftreten, damit sie uns nicht kontrollieren. Wir müssen auch in der Lage sein, unseren kleinen Pinguin zu ignorieren – nämlich dann, wenn er uns im Weg steht, wenn er uns daran hindert, neue Dinge auszuprobieren, auch einmal ein Risiko einzugehen, flexibel zu sein und sich Neuem anzupassen. (Vielleicht sollten Sie jemanden, dem Sie vertrauen und den Sie respektieren, darum bitten, dass er Sie darauf aufmerksam macht, wenn Sie anfangen, sich so zu benehmen.)

Was Sie vor allen Dingen vermeiden müssen, ist, dass der kleine Pinguin in Ihnen das Kommando übernimmt und Ihre ganze Persönlichkeit bestimmt. Wenn Sie zu einem totalen Pinguin werden, dann werden Sie zu einem Problem – für sich selbst und für andere.

Woran merken Sie, ob Sie ein totaler Pinguin werden? Hören Sie sich selbst beim Sprechen zu. Schauen Sie in Teil III auf Seite 144 die Liste „Immer das gleiche Gequake" an und überlegen Sie, wie oft *Sie selbst* diese Dinge sagen. Achten Sie auch darauf, wie Sie auf Menschen reagieren, die eine andere Meinung vertreten als Sie:

- Reagieren Sie gereizt?
- Lehnen Sie Vorschläge, die sich nicht in Einklang bringen lassen mit der Art und Weise, wie Sie die Dinge gerne erledigen, automatisch ab?
- Hassen Sie Veränderungen, die Sie nicht kontrollieren können?
- Erledigen Sie Dinge weiter auf *Ihre* Art, auch wenn Ihnen jemand eine effektivere Methode zeigt?

Wenn Sie auf mehr als eine dieser Fragen mit „ja" antworten, sind Sie vielleicht gerade dabei, sich in einen dieser schwarz-weißen Vögel zu verwandeln. Spricht wie ein Pinguin, denkt wie ein Pinguin, watschelt wie ein Pinguin ... das muss ein Pinguin sein!

Lesen Sie schnell den nächsten Abschnitt ... Hilfe ist schon unterwegs!

TEIL III

Wie man Pinguinen das Fliegen beibringt – Beispiele und Ideen

Woran Sie erkennen, dass Sie sich im Land der Pinguine befinden

1. Bei der Entscheidungsfindung stehen Kategorien wie Kontinuität, Tradition und Kontrollierbarkeit im Vordergrund; Kreativität, Risikobereitschaft, Flexibilität und Innovation spielt dagegen keine große Rolle. „So etwas haben wir noch nie gemacht" und „das widerspricht der Firmenphilosophie" wiegen schwerer als „scheint eine gute Idee zu sein – probieren wir's aus".
2. Es ist von allergrößter Bedeutung, die Entscheidungshierarchie zu beachten und „das Boot nicht zum Schaukeln zu bringen". Loyalität gegenüber dem Vorgesetzten wird höher gewertet als Loyalität gegenüber den Interessen der Firma oder des Kunden.
3. Diskussionen sind vom Gruppendenken geprägt, es gibt wenige Meinungsverschiedenheiten und Auseinandersetzungen. Verstöße gegen die Tradition und ein Infragestellen der bestehenden Ordnung werden vermieden.
4. Es ist sehr wichtig, sich in der Öffentlichkeit an „die Unternehmenslinie" zu halten und in allen Unterhaltungen Vorsicht walten zu lassen. Man muss vorsichtig sein, wem man seine ehrliche Meinung anvertraut und darf *niemals* darauf hinweisen, dass „der Kaiserpinguin ohne Kleider dasteht".
5. Eine Art „organisatorische Verstopfung" sorgt dafür, dass alles sehr langsam vor sich geht. Die Bürokratie verlangt, dass immer erst mehrere Hierarchiestufen ihre Zustimmung geben, bevor ein neues Projekt gestartet werden, ein Kundenproblem gelöst, ein Einkauf getätigt werden kann und so weiter.

6. In ähnlicher Weise leidet die Fähigkeit, Probleme zu lösen, an „analytischer Lähmung“: zu viele Komitees beraten über alle möglichen Themen, sind aber nicht autorisiert, Entscheidungen zu fällen; es wird wenig riskiert.

7. Das Unternehmen neigt dazu, neue Hierarchieebenen einzuführen, statt welche abzubauen. Für die Favoriten (und Favoritinnen) des Managements werden spezielle Stellen geschaffen, um sie als künftige Führungskräfte aufzubauen. Diejenigen, die durch die Hierarchieebenen aufsteigen, sind nichts anderes als jüngere Kopien der jetzigen Führungskräfte.

8. Die „richtigen Verbindungen“ zu haben, gilt allgemein als der sicherste Weg, etwas durchzusetzen oder weiterzukommen. Beförderungen und attraktive Aufträge werden danach vergeben, „wen man kennt“ und ob man zu „den Auserwählten“ gehört; weniger aufgrund von Können und Wissen.

9. Neuankömmlinge werden dazu angehalten, sich zu integrieren und „dazuzugehören“. Form zählt mehr als Inhalt. Korrektes Auftreten ist oft wichtiger als Resultate. Die Weigerung sich anzupassen hat drastische Auswirkungen auf die Karriere.

10. Die Top-Führungskräfte sehen alle aus, als würden sie zum gleichen Schneider und zum gleichen Friseur gehen. Konservative Neigungen in Kleidung, Denken und Handeln vereinen sie.

11. Die Insignien von Status und Macht werden sichtbar und demonstrativ zur Schau getragen (z.B. Geschäftsführungskantine, besondere Dienstwagen, eigene Toiletten und so weiter). Große Betonung von Rang und Machtposition im Unternehmen.

12. Wenige Frauen und Angehörige von Minderheiten haben Führungspositionen inne. Gibt es welche, zählen sie häufig zu den frostigsten Pinguinen von allen, um ihre Loyalität gegenüber der bestehenden Ordnung unter Beweis zu stellen.

Immer das gleiche Gequake (typische Pinguinphrasen)

- „So machen wir das hier aber nicht.“
- „Haben wir immer schon so gemacht.“
- „Es ging doch bisher immer, warum sollen wir es jetzt auf einmal anders machen?“
- „Muck’ lieber nicht auf. Sei froh, dass du überhaupt einen Job hast.“
- „Das kann bei uns nicht passieren.“
- „Das geht nicht.“
- „Das wird die Geschäftsführung nie akzeptieren.“
- „Alles schön der Reihe nach: Das musst du zuerst dem __________ (unmittelbarer Vorgesetzter) vorlegen.“
- „Den Ball flach halten.“
- „Der Boss mag keine schlechten Nachrichten.“
- „Lasst uns lieber auf Nummer sicher gehen ...“
- „Wenn du *das* vorschlägst, wird man dich für verrückt halten.“
- „Das ist doch gar nicht deine Aufgabe. Überlass’ das ruhig der/dem _____________ (andere Abteilung).“
- „Wir müssen überall einsparen. Das ist nicht die Zeit, etwas Neues und Riskantes auszuprobieren.“
- „Z.d.A.e.“ (Zieh’ den A- ... äh, die Schwanzfedern ein!)
- „Lehn’ dich lieber nicht zu weit aus dem Fenster.“
- „Hier kann jeder machen, was *ich* will.“

Tipps für Pinguine, die sich ändern wollen

1. Machen Sie sich klar, was Ihre eigenen Vorlieben und Abneigungen sind. Seien Sie dabei ehrlich sich selbst gegenüber – und bleiben Sie sich Ihrer Grundeinstellung bewusst. Selbsterkenntnis ist der erste Schritt zur Besserung.
2. Üben Sie sich darin, verschiedene Denkansätze zuzulassen – viele Wege führen nach Rom und oft lassen sich mit unterschiedlichen Methoden Erfolge erzielen. Ihr Weg ist nur *ein* möglicher Weg. Loben Sie Kreativität und Einfallsreichtum bei anderen.
3. Versuchen Sie, Fassade und Substanz auseinanderzuhalten. Streiten Sie sich nicht mit anderen um stilistische Differenzen, sondern behalten Sie Inhalte, gemeinsame Ziele und Resultate im Blick.
4. Überwinden Sie Ihre Bequemlichkeit. Verbringen Sie bewusst Ihre Zeit mit Menschen, die anders sind als Sie. Warum laden Sie nicht einmal einen exotischen Vogel zum Essen oder zu einem anderen beruflichen oder gesellschaftlichen Anlass ein?
5. Seien Sie ein Vorbild für andere Pinguine. Taten machen stärkeren Eindruck als Worte. Binden Sie exotische Vögel in Ihre Routinetätigkeiten und -abläufe ein. Überlegen Sie sich, ob Sie exotischen Vögeln als Ratgeber zur Seite stehen können (aber versuchen Sie nicht, ihr Wesen zu ändern).

Tipps für Pinguine, die ihr Unternehmen ändern wollen

1. Akzeptieren Sie, dass die Welt sich verändert und dass die Zukunft ganz anders aussehen wird als die Vergangenheit. Was in der Vergangenheit funktionierte, kann heute oder morgen überholt sein. Die Zukunft braucht neue Ideen und Perspektiven.
2. Schaffen Sie Möglichkeiten für exotische Vögel, ihre Talente und Ideen einzubringen – Projektteams, Arbeitsgruppen, besondere Projekte.
3. Hören Sie nie auf, Arbeitsprozesse, Leitlinien und Abläufe zu hinterfragen. Gehen Sie nicht davon aus, dass das Prinzip „erprobt und für gut befunden" ewig Gültigkeit hat. Ein Produkt, eine Dienstleistung, ein Herstellungsprozess kann über Nacht veraltet sein – und schon hinken Sie der Entwicklung hinterher, statt sie anzuführen. „Ständige Wachsamkeit und unablässiges Infragestellen" lautet die Parole.
4. Sorgen Sie dafür, dass es Anlaufstellen und Prozesse gibt, bei denen *alle* Arten von Vögeln ihre Gefühle über die Veränderungen im Unternehmen und seine Zukunftsperspektiven artikulieren und verarbeiten können. Natürlich darf es keine nachteiligen Folgen haben, offen über Bedenken und Ängste, über Hoffnungen und Erwartungen zu sprechen.
5. Der Weg des Wandels ist holprig und unbequem. Feiern Sie auch kleine Erfolge und Etappenziele – ihre eigenen ebenso wie die des Unternehmens. Belohnen Sie den Fortschritt, den Ihr Unternehmen macht. Halten Sie Ihr eigenes Engagement für neues Denken und Innovation aufrecht!

So vermeiden Sie die Pinguinlähmung

1. Versuchen Sie einmal, Meetings im Stehen statt im Sitzen abzuhalten. Diese Technik sorgt in der Regel dafür, dass Diskussionen und Entscheidungsprozesse schneller ablaufen. Ein Meeting wird nicht übermäßig lange dauern, wenn alle stehen müssen.
2. Machen Sie viele Experimente – Versuchsballons, Kurzzeit-Pilotprojekte und so weiter. So fördern Sie Innovation und eine gewisses Maß an Risiko, ohne sich gleich ganz auf eine neue Idee festlegen zu müssen. Halten Sie ein festes Budget für solche Experimente bereit. Seien Sie sich darüber im Klaren, dass viele dieser Experimente scheitern werden – das ist der unvermeidliche Preis jeder Erneuerung.
3. Timing ist alles. Räumen Sie genug Zeit ein für Brainstorming und Diskussion, aber geben Sie auch klare Zeitvorgaben für die Entscheidungsfindung. Warten Sie nicht ewig auf mehr Daten und Informationen; Sie werden *nie* alle Informationen haben, die Sie gerne hätten. Lernen Sie, wann es an der Zeit ist, mit dem, was Sie haben, loszulegen.
4. Engagieren Sie innovative, kreative Leute und lassen Sie sie innovativ und kreativ sein – auch wenn es die etablierte Ordnung durcheinanderbringt. Wenn Sie ihrem Urteil nicht vertrauen, dann sollten Sie sie nicht einstellen.
5. Wenn Sie es nicht schon getan haben: Sorgen Sie für flache Organisationsstrukturen und verringern Sie die Anzahl der Hürden, die eine neue Idee nehmen muss, bis sie umgesetzt werden kann.

Die Fütterung und Hege Ihrer Pfauen: Ein Handbuch für Pinguine

Peter Drucker, vermutlich der angesehenste aller Management-Berater, hat einmal gesagt, dass man in jedem Unternehmen zwei Arten von Menschen braucht: Man braucht Bürokraten ... und man braucht Verrückte! Die Bürokraten sorgen dafür, dass das System auf ordentliche Art und Weise läuft – und die Verrückten stellen es durch Innovationen und neue Ideen in Frage.

Wir nennen diese gegensätzlichen Typen Pinguine und Pfauen. Alle Unternehmen brauchen einige Pinguine als konservative Kraft – um Traditionen aufrechtzuerhalten, als eine Art institutionelles Gedächtnis, das uns daran hindert, die Vergangenheit zu wiederholen, und um dem konstanten Wandel einen stabilisierenden Faktor entgegenzusetzen. Die Pinguine sorgen dafür, dass alles seine Ordnung hat – dass jedes *i* sein Pünktchen und jedes *t* seinen Querstrich bekommt.

Gleichzeitig aber brauchen wir in unseren Unternehmen die Pfauen, die Kreativität und neues Denken beisteuern. Innovationen und Fortschritt kommen praktisch nie von den Pinguinen – revolutionäre Neuerungen kommen immer von den Pfauen, von denen, die nicht zum Mainstream gehören. Pfauen und andere exotische Vögel sehen die Dinge aus einer anderen Perspektive, suchen immer nach einem neuen Zugang und stehen außerhalb von Traditionen und vorhersagbaren Entwicklungen.

Die Herausforderung für Pinguine besteht darin zu erkennen, dass der schräge Vogel in ihrer Abteilung oder ihrem Unternehmen, der ihnen am meisten auf die Nerven geht, vielleicht derjenige ist, den sie am dringendsten brauchen! Genau jener verrückte Vogel, der ständig die vertrauten Abläufe hinterfragt und der sich diese ganzen verschrobenen Projekte und Pläne ausdenkt. Aber dieser verrückte Vogel ist derjenige mit der größten Chance, die nächste Millionen-Euro-Idee aus dem Ärmel zu zaubern. Also stellt sich die Frage: Wann haben Sie zuletzt Ihren Pfau an die Brust gedrückt? Wie füttert und hegt man diese farbenprächtigen (und manchmal wirklich nervtötenden) Vögel, damit sie ihre brillanten Ideen zum Erfolg Ihres Unternehmens beitragen können? Hier sind ein paar Vorschläge:

- Pfauen und andere exotische Vögel brauchen eine Menge Freiheit. Frustrieren Sie sie nicht mit Bürokratie und Mikromanagement. Alles, was Sie damit erreichen, ist, dass sie Ihnen verrückt werden – oder dass sie Ihnen wegfliegen. Schaffen Sie ein Arbeitsumfeld, dass ihnen Selbstbestimmung und Flexibilität gewährt. Lassen Sie sie los, damit sie das tun, was sie am besten können.

- Konzentrieren Sie sich auf das, was Ihre Pfauen zum Erfolg beitragen und lernen Sie, über ihre Eigenheiten hinwegzusehen. „Für ein Genie muss man Zugeständnisse machen", wie es ein Manager formulierte. Seien Sie flexibel und entwickeln Sie eine gewisse Toleranz für exzentrisches Verhalten. Die Resultate zählen – solange Ihre Pfauen Ergebnisse für Sie liefern, lassen Sie Kleinigkeiten ruhig unter den Tisch fallen.
- Lassen Sie Ihre Pfauen wissen, wie sehr Sie sie schätzen. Sie brauchen viel Lob und Anerkennung. Lassen Sie sie ruhig öfters ihre bunten Federn zur Schau stellen. Sagen Sie ihnen, dass sie großartig und wunderschön sind.
- Schaffen Sie ein Arbeitsumfeld, in dem alle Arten von Vögeln gedeihen können – Pfauen, Eulen, Tauben, Schwäne, Weihen und andere. Zeigen Sie Ihre Anerkennung für die vielen unterschiedlichen Beiträge, die diese Vögel leisten. Setzen Sie sie entsprechend ihrer Stärken ein. Versuchen Sie nicht, eine Art Vogel zu einer anderen Art zu machen. Lassen Sie ihnen ihre Eigenheiten und lassen Sie sie wissen, dass sie als Individuen geschätzt werden.
- Bieten Sie Team-Schulungen an, in denen alle Mitarbeiter lernen, wie man in heterogenen Gruppen effektiv zusammenarbeiten kann. Wir alle halten unsere eigenen Methoden für die besten, und wir neigen dazu, andere, die sich von uns unterscheiden, kritisch zu beurteilen. Regelmäßige Schulungen und das Sprechen über den Wert von Unterschieden tragen dazu bei, allen vor Augen zu halten, dass die Welt ein wirklich langweiliger Ort wäre, wenn wir uns alle glichen. *Vive la différence!*

Flugstunden
(Berichte aus Unternehmen)

Was haben Perry der Pfau und seine bunten Freunde bei den Menschen bewirkt, in deren Unternehmen die Geschichte gelesen wurde? Sind Organisationen weniger pinguinartig geworden? Haben Bürokratien ihren Würgegriff auf Mitarbeiterinitiative und Innovation gelockert? Finden „schräge Vögel" in ihren Unternehmen jetzt mehr Gehör für neue Perspektiven und frische Ideen?

Das wollten wir herausfinden, darum fragten wir einige der Menschen, die *Unter Pinguinen* benutzt haben. Wir entdeckten, dass die Geschichte in verschiedenen Unternehmen auf ganz unterschiedliche Weise eingesetzt wird:

- in Orientierungsveranstaltungen für neue Mitarbeiter
- in Teambildungs-Schulungen
- in Fortbildungen für Management und Führungskräfte
- während Klausurwochenenden zur strategischen Planung
- im Rahmen von *Community Outreach*-Programmen (Imagepflege und/oder gezielte Fördermaßnahmen in der Region)
- in Seminaren über Vielfalt im Unternehmen
- als Teil internetgestützter Trainingsprogramme

Pinguine in großen und kleinen Organisationen benutzen das Buch, um „fliegen zu lernen" – sie legen ihre Pinguinanzüge ab und erproben neue Verhaltensweisen.

- Für einige Pinguine bedeutet fliegen lernen, aus ihrer bequemen Isolation auszubrechen und Zeit mit Menschen zu verbringen, die ganz anders sind als sie.
- Für andere Pinguine bedeutet fliegen lernen, zu neuen Ideen „ja" zu sagen – gerade dann, wenn sie in der Vergangenheit bisher immer reflexartig „nein" geantwortet haben.
- Für noch andere bedeutet fliegen lernen, effektiver in Teams arbeiten zu können, anderen zuzuhören und von ihnen zu lernen, auch wenn diese ziemlich abgehobene Ideen vertreten.

Fliegen zu lernen verlangt von all diesen Pinguinen den Mut zuzugeben, dass die erprobten und vertrauten Antworten der Vergangenheit zur Beantwortung der Fragen von heute vielleicht nicht mehr angemessen sind. Fliegen lernen heißt, sich manchmal unbeholfen zu fühlen – doch diese Pinguine akzeptieren bereitwillig, dass das Stolpern und Straucheln untrennbarer Bestandteil des Erlernens neuer Verhaltensweisen ist.

Auf den folgenden Seiten finden sich Fallbeispiele – vorläufige Berichte von den Versuchen verschiedener Organisationen, Pinguinen das Fliegen beizubringen. Ihre Offenheit für Veränderungen und ihre Bereitschaft, unseren Lesern Einblick in diesen Prozess zu gewähren, verdient Bewunderung.

John Deere Credit Canada

„Canada will das Beste aus seinen Mitarbeitern herausholen", teilte uns dieses Unternehmen mit. „Wir müssen die Vielfalt von Ideen und Denkansätzen ins Blickfeld rücken. Wie können wir die Brainpower und die Kreativität all unserer Mitarbeiter, die über ganz Kanada verteilt sind, gezielt einsetzen? Das ist für uns eine Frage des Wettbewerbs – wie können wir diese Kreativität und Vielfalt in unserem Unternehmen anzapfen, um die Marktführerschaft von JDCC in einem umkämpften Markt zu behaupten?"

Auf der Basis der Geschichte von Perry dem Pfau wurde ein Ein-Tages-Seminar entwickelt, das nach und nach alle Mitarbeiter von JDCC durchliefen. Ziel war es, jeden einzelnen Mitarbeiter zum Nachdenken über das Thema Innovation anzuregen. Einige der Fragen, mit denen man sich während des Seminars herumschlug, waren:

- Welche unserer Vorurteile und automatischen Reaktionen stehen einer Annahme neuer Ideen im Weg?
- In welchen Fällen hat uns ein „busines-as-usual"-Denken behindert?
- Wie können wir im Verkauf, im Marketing, im Finanzbereich, in allen Bereichen unseres Unternehmens Innovation und Eigeninitiative fördern?
- Was können wir ändern, damit die Pfauen in unserem Unternehmen bei JDCC bleiben und ihre Ideen einbringen?
- Welche Leitlinien und Prozeduren müssen wir ändern, um schneller und flexibler zu werden?

- Was kann die Führungsspitze des Unternehmens tun, um ein Umfeld zu schaffen, in dem Innovation und Risikobereitschaft möglich sind?
- Wie können wir in unserem Markt an der Spitze der Entwicklung bleiben?

Natürlich waren diese Seminare nur der Anfang für John Deere Credit Canada. Hier begann ein Dialog, der bis heute in den Meetings, bei Verkaufskonferenzen und im täglichen Umgang der JDCC-Mitarbeiter untereinander fortgeführt wird.

IBM Australien/Neuseeland

Für viele Menschen ist IBM geradezu der Inbegriff einer Pinguinfirma. Gekleidet in die bekannten marineblauen Anzüge, mit weißem Hemd und Krawatte, sind die IBM-Pinguine stolz auf ihre Firmentradition herausragender Leistungen und professionellen Arbeitens.

Wenn IBMmer sagen, dass sie lernen wollen, ihre Pinguinanzüge abzulegen, dann kann man sicher sein, es ist etwas Bedeutendes im Gange in der Firmenwelt. Die Führungskräfte von IBM Australien und Neuseeland machten sich die Geschichte von Perry dem Pfau zu Eigen und besorgten Exemplare des Buches für all ihre Teilhaber. Sie entwickelten Trainingsprogramme, um eine neue Atmosphäre der Innovation und Risikobereitschaft zu schaffen. Sie belohnten ihre Verkäufer für die kreativsten neuen Ansätze, profitable Neukunden zu werben und zu halten. Sie wussten, dass ihr Geschäft nicht mehr darin bestand, große Kisten von Computermaterial bei ihren Kunden abzuliefern, sondern dass ihre Kunden mit umfassenden Business-Lösungen versorgt werden wollen.

Haben sie noch einen Weg vor sich? Natürlich. Man kann nicht eine jahrzehntealte Pinguinkultur über Nacht ändern. Aber die IBM-Pinguine am anderen Ende der Welt schlagen mit den Flügeln und sind fest entschlossen, in der schönen neuen Computerwelt des 21. Jahrhunderts die Lüfte zu erobern.

Kellogg

Kellogg setzt *Unter Pinguinen* auf drei interessante Arten ein:

Erstens betrachtet man dort *Unter Pinguinen* als eine großartige Möglichkeit, neuen Mitarbeitern zu einem guten Start im Unternehmen zu verhelfen, indem man es in das Orientierungsprogramm „Foundations" integriert. Die Geschichte von Perry dem Pfau ist eine einfache, aber sehr wirkungsvolle Methode, die neu Hinzugekommenen vom ersten Tag an wissen zu lassen, dass ihre vielfältigen Talente und Ideen dem Unternehmen wichtig sind. Die Teilnehmer der Orientierungsveranstaltung werden gebeten, sich an die Frustrationen zu erinnern, die sie bei früheren Arbeitgebern erlebt haben, und einander zu erzählen, was sie zum Erfolg von Kellogg beitragen wollen. Sie werden gebeten, die Herausforderungen zu beschreiben, die Kellogg bevorstehen und zu erklären, wie sie dem Unternehmen helfen können, diese Herausforderungen zu meistern.

Zweitens setzt Kellogg die Trickfilm-Videofassung der Geschichte im Rahmen seiner regionalen Image-Kampagnen ein. Kellogg verwendet die Geschichte in seiner Öffentlichkeitsarbeit, um auch im Umfeld der Firma zu demonstrieren, dass man sich für eine vielfältige Mitarbeitergemeinschaft von High-Performers einsetzt, die ein breites Spektrum von Kunden bedienen kann. Besonders geschätzt wird bei Kellogg, dass hier der Begriff „Vielfalt" die ganze Persönlichkeit umfasst und nicht nur auf Hautfarbe und Geschlecht bezogen wird.

Und schließlich verwendet Kellogg das Pinguinbuch in seinem Maßnahmenpaket zum Thema Vielfalt, indem es die Geschichte in elektronischer Form in das firmeneigene Intranet stellt. Die Angestellten können jederzeit auf das Buch zugreifen und als Teil der ständigen Mitarbeiterfortbildung darin lesen.

Maryland Feuerwehr- und Rettungsdienst-Ausbildungscenter

Was haben denn Pfauen und Pinguine mit Feuerwehrleuten zu tun? Gute Frage. Genau diese Frage stellten wir den Leuten, die beim Maryland Feuerwehr- und Rettungsdienst-Ausbildungscenter Schulungsprogramme entwerfen und Trainings durchführen – weil sie Hunderte unserer Bücher bestellt hatten. Das haben die Feuerwehrleute uns geantwortet:

Weil die Menschen so verschieden sind, kann es in Gemeinschaften, die so eng zusammenarbeiten wie eine Feuerwache, zu Konflikten kommen. Doch natürlich hängt die persönliche Sicherheit und im Extremfall das Überleben davon ab, dass diese Differenzen überwunden werden und man in gegenseitiger Abhängigkeit zusammenarbeitet. Teamwork läuft hier nicht wie in einem Staffellauf ab; es ist mehr wie beim Fußball oder in einer Baseballmannschaft. Man muss sich in Situationen höchster Anspannung absolut aufeinander verlassen können. Und man kann sich in der Regel seine Kameraden nicht aussuchen – man muss die Leute, die man hat, zu einem Team formen.

Das Maryland Feuerwehr- und Rettungsdienst-Ausbildungscenter benutzt *Unter Pinguinen*, um den angehenden Feuerwehroffizieren zu zeigen, wie man Menschen verstehen kann, die anders sind als man selbst, und wie man gut mit ihnen zusammenarbeitet. Das Führungskräfte-Trainingsprogramm des Centers soll den Offiziersanwärtern helfen, ihren eigenen Arbeitsstil und den Arbeitsstil der anderen Mitglieder ihrer Gruppen zu erkennen. Die Kandidaten sollen lernen, die jeweiligen Stärken und Schwächen einzuschätzen, um ein Team bilden zu können, dass auch unter Stress effektiv arbeitet. Teilnehmer an dem Programm lesen *Unter Pinguinen*, bearbeiten dann das Arbeitsmethoden-Assessment „Jeder Vogel singt anders" (siehe den Abschnitt „Trainingsmaterialien" in Teil IV auf Seite 159) und machen verschiedene Erfahrungsübungen, die ihre Fähigkeit trainieren, in unterschiedlich zusammengesetzten Teams zu arbeiten.

Das US-Verteidigungsministerium hat die Richtlinien der National Fire Protection Association übernommen und an der Universität von Maryland ein Ausbildungsprogramm geschaffen, in dem militärische neben zivilen Feuerwehrleuten im Dienst des Bundes ihre Ausbildung erhalten. Dieses ausgefeilte Trainingsprogramm wird nun auch von anderen Staaten übernommen: Mittlerweile benutzen die Feuerwehren in Oklahoma, Michigan, Colorado und mehreren anderen Staaten eine literarische Metapher, um ihren Mitarbeitern eine wichtige Erkenntnis über Teamwork und die Unterschiede zwischen den Menschen im Kontext des Brandschutzes nachdrücklich klarzumachen.

Chevron Information Technology Corporation

Effektives Zusammenarbeiten in der Vielfalt (zwischen Kollegen, Verkäufern, Kunden) wird von Chevron als eine der Kernkompetenzen auf allen Hierarchieebenen des Konzerns angesehen – doch die Vermittlung dieser Idee an alle Mitarbeiter erwies sich als große logistische Herausforderung. Wie geht man an die Aufgabe heran, Menschen auf die Bedeutung von Respekt und guter Zusammenarbeit mit anderen hinzuweisen, wenn man 26.000 Mitarbeiter hat, die sich auf 28 Länder überall in der Welt verteilen?

Die Chevron Information Technology Corporation (CITC) bewältigte diese Aufgabe, indem sie eine „Website für die Vielfalt" erstellte, auf der die Trickfilmversion von *Unter Pinguinen* als Video-Stream zu sehen ist und das „Jeder Vogel singt anders"-Assessment als interaktive Lernübung online steht. Die Website erlebte einen Pilottest mit den 1.500 Angestellten der CITC und im Rahmen des Launches erhielt jeder eine 10cm große Antistress-Pinguinfigur zum Kneten. Das Programm wurde so populär, dass neue Angestellte von CITC oft fragen: „Es stimmt doch, dass ich auch so einen kleinen Pinguin bekomme, oder?"

Die erfolgreiche Website ist jetzt konzernweit online und wird von Chevron-Angestellten rund um den Globus konstant genutzt. Ein Manager (weiß, männlich, mittleren Alters) schickte per Mail seine Kommentare zur Website: „Ich war immer zynisch und verbittert im Zusammenhang mit dieser Vielfaltsgeschichte, weil ich den Eindruck hatte, dass das mich nicht einschließt. Nachdem ich jetzt den Film gesehen und die Pfauengeschichte gehört habe, begreife ich, dass Vielfalt mich *doch* mit einschließt. Streichen Sie mich von der Liste der Zyniker und Verbitterten."

St. Peter's College

St. Peter's College in New Jersey fand besonderen Gefallen an der Geschichte von Perry. Das College gehört zur *Division I Athletic Conference* und deren Maskottchen ist ein Pfau!

Die Vizepräsidentin der Abteilung für Studentenbelange am St. Peter's College setzte *Unter Pinguinen* auf einem zweitägigen Arbeitstreffen für die Mitarbeiter ihrer Abteilung ein. Man hatte gerade einen längeren Prozess der strategischen Planung abgeschlossen und stand vor der Aufgabe, den Fünfjahresplan der Abteilung in die Tat umzusetzen. Die wichtigste Herausforderung war, neue Wege der Zusammenarbeit mit anderen Abteilungen des College zu erschließen. Die Teamarbeit zwischen allen Abteilungen sollte gefördert werden, um den Bedürfnissen der Studenten besser zu entsprechen.

Mitarbeiter des Studentenbüros erzählten uns: „Wir haben Vielfalt überall um uns herum – neue Leute in unserer Abteilung, die neue Ideen haben, wie man die Dinge anpackt; es müssen neue Beziehungen zu den anderen Abteilungen geknüpft werden, die alle ihre eigenen Prioritäten und Tagesordnungen haben; und unter unseren Studenten – na, da gibt's jede Menge Vielfalt." Man ließ sich durch die Abenteuer von Perry dem Pfau und seinen Freunden anregen, und benutzte die Geschichte als Metapher, um für die Zukunft des College und des Studentenbüros zu planen. Es wurden mehrere Arbeitsgruppen gebildet, die gegenwärtig hart daran arbeiten, für wissenschaftliche und nichtwissenschaftliche Mitarbeiter ebenso wie für die Studierenden das Land der Möglichkeiten am St. Peter's College zu erschaffen.

TEIL IV

Weitere Materialien und Hilfen für Pfauen und Pinguine

Viele Menschen schreiben uns, nachdem sie *Unter Pinguinen* gelesen haben, mit der Frage: „Was kann ich tun, um mein Unternehmen in das Land der Möglichkeiten zu verwandeln? Haben Sie irgendwelche Materialien, Schulungsunterlagen oder andere Hilfsmittel, die mir dabei helfen können?"

Die Antwort ist: „Ja, die haben wir." In diesem letzten Abschnitt unseres Buches finden Manager, Betreuer, Personalchefs und Berater viele Materialien, die man einsetzen kann, um die gewünschten Veränderungen in Teams, Abteilungen und ganzen Unternehmen herbeizuführen. Es gibt Videotrickfilme, Assessment-Werkzeuge, ein Kursleiter-Handbuch, weitere Bücher und anderes mehr.

Schauen Sie sich die folgenden Seiten an und suchen Sie sich die Artikel heraus, die für Ihre Situation am besten geeignet sind.

Zusätzliche Materialien
sind erhältlich bei

Peacock Productions
701 Danforth Drive
Los Angeles, California 90065
USA

Tel. 001 (323) 227-6205
Fax 001 (323) 227-0705

www.peacockproductions.com

Die deutsche Version des Videos „A Peacock in the Land of Pinguins" ist erhältlich bei:

Training Media
Mainstr. 9a
D-61440 Oberursel/TS
Tel. 0049-6171-28 66 0
Fax. 0049-6171-28 66 55

www.trainingmedia.de

Trainingsmaterialien

„A Peacock in the Land of Penguins“
Video (11 Minuten)
Ein Trickfilmvideo-Bestseller, der bei den unterschiedlichsten Unternehmen aller Größenordnungen äußerst beliebt ist. Der Film hat in Seminaren, Konferenzen, Teamsitzungen und Schulungen inzwischen Klassikerstatus erreicht. Die Geschichte handelt nicht nur von Kreativität, sondern auch von Wandel, Innovation, Teamarbeit, Offenheit für neue Ideen sowie von Vielfalt und Flexibilität im Unternehmen. Zum Video gehört ein Kursleiter-Handbuch mit Seminarleitfäden zu den Themen Vielfalt und Empowerment, außerdem Übungen und Handouts sowie eine Bibliographie.

„Pigeonholed in the Land of Penguins“
Video (10 Minuten)
Dieses liebenswerte Trickfilm-Video sollte zur Grundausstattung eines jeden Beraters gehören und in der Videosammlung jeder Fortbildungsabteilung vorhanden sein. Der Film handelt vom Problem des Schubladendenkens in Unternehmen und zeigt, wie Teamwork, Kreativität und die Fähigkeit, hinter Stereotypen und Vorurteile zu blicken, jedermann Gelegenheit geben, zum Erfolg des Unternehmens beizutragen. Zum Video gehört ein Kursleiter-Handbuch mit Seminarleitfäden, Übungen und Handouts sowie eine Bibliographie.

„Jeder Vogel singt anders: Arbeitsmethoden-Assessment“
Sind Sie eine Weihe, eine Eule, ein Pfau oder eine Taube? Dieses Arbeitsmethoden-Assessment zeigt Ihnen, was für ein Vogel Sie sind! Das Assessment-Tool ist einfach, schnell und leicht anzuwenden. Auf unterhaltsame Weise erfahren Sie, in welche Kategorie Sie fallen und wie Sie besser mit anderen „Vögeln“, deren Arbeitsmethoden sich von Ihren unterscheiden, zusammenarbeiten können. Das Set enthält auch ein Gruppen-Assessment, mit dem Sie die in Ihrer Abteilung oder in Ihrem Unternehmen vorherrschende Arbeitsweise ermitteln können. Es ist für Individuen, die ihre Selbsteinschätzung verbessern wollen, ebenso geeignet wie für Teamwork-Schulungen oder Trainings in den Bereichen Kreativität, Kommunikation, Führung oder Vielfalt im Unternehmen.

„Der Pinguinindex: So bewerten Sie die Managementpraxis Ihres Unternehmens“
Arbeiten Sie im Land der Pinguine oder im Land der Möglichkeiten? Dieses Instrument hilft Ihnen, Organisationskultur und Managementpraxis Ihres Unternehmens zu bewerten. Es ist einfach (25 Fragen), leicht umzusetzen und für Trainingsseminare ebenso gut geeignet wie als Mitarbeiterbefragung. Es enthält Strategien für Manager und Tipps für Angestellte, die in ihren Firmen etwas verändern wollen.

„Kursleiter-Handbuch für einen Workshop zum Thema Vielfalt“
Dieses umfassende Trainingshandbuch enthält Leitlinien zum Durchführen effektiver Seminare und darüber hinaus Schritt-für-Schritt-Anweisungen zum Durchführen von Mitarbeiterbefragungen über die Managementpraxis im Unternehmen. Es enthält außerdem einen Abschnitt über das Thema Karriere-Coaching mit besonderer Berücksichtigung der Themen Anpassung und Vielfalt im Unternehmen. Zum Handbuch gehören mehrere Schulungsprogramme, Seminarübungen, Handouts, Vorlagen für Overhead-Folien sowie eine umfangreiche Bibliographie, in der weiterführende Literatur, Videos, Audiocassetten, Zeitschriftenartikel und andere Quellen aufgelistet sind.

„Diversity Dialogue"
Audioprogramm (80 Minuten)
In diesem interessanten Audioprogramm diskutieren BJ Gallagher und Warren H. Schmidt viele verschiedene Aspekte des komplexen Themas Vielfalt. Das Programm hat die Form eines lebhaften, unterhaltsamen und lehrreichen Dialogs, der dem Zuhörer einen Überblick – oder einen „Crash-Kurs" zum Thema geben soll, und zwar sowohl aus einer individuellen als auch aus der Unternehmensperspektive. Enthalten sind ein Handbuch für das Selbststudium sowie ein Diskussionsleitfaden.

„The Blame Game"
Video (10 Minuten)
Wenn man ein Arbeitsumfeld schaffen will, in dem innovative Mitarbeiter Neues ausprobieren, muss man darauf gefasst sein, dass es zu Problemen und Fehlentscheidungen kommt. Risikobereitschaft ist ein Teil von Innovationsfähigkeit, und das Übernehmen von Verantwortung ist die Voraussetzung für das Eingehen kalkulierter Risiken. Dieses kreative Trickfilm-Video zeigt Ihnen und Ihrem Unternehmen, wie man, wenn Probleme auftreten, nach Lösungen und nicht nach Schuldigen sucht. Enthalten ist ein Leitfaden für Kursleiter mit Schulungsunterlagen zu den Themen „persönliche Verantwortung beim Umgang mit Veränderungen" und „persönliche Verantwortung und Teamarbeit". Handouts, Fragespiele und Hintergrundmaterialien machen aus diesem Video mit Handbuch ein komplettes Schulungs-Set.

Streuartikel

Antistress-Pinguin

Hübscher 10 cm großer Knautschpinguin – das perfekte Ventil für Ihren täglichen Stress. Sie können ihn zusammendrücken und er nimmt seine ursprüngliche Form wieder an. Wenn Sie ihn an die Wand werfen, nimmt er keinen Schaden (und richtet auch keinen an!). An ihm können Sie Ihre Frustrationen auslassen – er kann es vertragen!

„Magischer" Kaffeebecher mit Pinguin- und Pfauenmotiv

Das Motiv auf diesem originellen Kaffeebecher ist eine Reihe von Pinguinen vor tiefblauem Hintergrund. Wenn man eine heiße Flüssigkeit einfüllt, wird der blaue Hintergrund wie durch Zauberei transparent und Perry der Pfau erscheint in leuchtenden Farben, mit den Worten „Show Your True Colors!" zwischen seinen Schwanzfedern. Eine praktische tägliche Erinnerung daran, wie wichtig es ist, einander so wie man ist zu akzeptieren und zu respektieren.

Gefiederte Kugelschreiber

Große, bunte Federn mit dem Schriftzug „Show Your True Colors!" erinnern daran, wie wichtig es ist, sich selbst treu zu bleiben. Verschiedene Farben; Gesamtlänge je nach Art der Feder 45-50 cm.

„E Pluribus Maximum" T-Shirts

Farbenfrohe T-Shirts mit einem der populärsten und aussagekräftigsten Bilder aus dem Buch *Unter Pinguinen*, eine Versammlung vieler verschiedener Vögel unter dem Banner mit der Aufschrift „E Pluribus Maximum (Greatness from Many)". Die T-Shirts sind weiß mit einem sechsfarbigen Siebdruck-Design. Erhältlich als Einzelexemplare oder Mengenbestellungen für Seminare und Konferenzen; in den Größen L und XL.

Für Beratung, Trainings oder Keynote Speeches

Wenden Sie sich bitte an:
Peacock Productions
701 Danforth Drive
Los Angeles, California 90065
USA

Tel. 001 (323) 227-6205
Fax 001 (323) 227-0705

www.peacockproductions.com

PeacockHQ@aol.com

Die Geschichte hinter der Geschichte

Ich werde oft gefragt, „Wie sind Sie bloß auf die Metapher für Ihre Geschichte gekommen? Ein Pfau im Land der Pinguine, das passt so gut – wie kam es dazu?"

Die Antwort darauf ist ganz einfach: Ich habe die Geschichte gelebt. Ich arbeitete in den späten 80-er und frühen 90-er Jahren bei einer auflagenstarken Zeitung in einer amerikanischen Großstadt. Da gab es regelmäßig Meetings von Führungskräften und mittlerem Management, wo über Auflagenzahlen, Anzeigeneinnahmen und strategische Zielsetzungen gesprochen wurde. Diese Meetings verliefen immer nach dem gleichen Muster: Der Präsident der Zeitungsgruppe und all seine Stellvertreter und Direktoren saßen in der ersten Reihe eines eleganten Auditoriums, und der Verleger eröffnete die Zusammenkunft, indem er sie alle vorstellte. Einer nach dem anderen sprang auf, drehte sich zu den 200 Managern in den Sitzreihen dahinter um und setzte sich wieder hin. Sie alle trugen dunkle Anzüge mit weißem Hemd und Krawatte; abgesehen von ein oder zwei Bohnenstangen waren sie alle ziemlich gleich groß und mit einer einzigen Ausnahme waren alle männlich und weiß (der einzige weibliche Pinguin trug einen dunklen Anzug und eine Perlenkette). Es sah wirklich so aus, als hätten alle den gleichen Schneider und den gleichen Friseur!

Eines morgens saß ich in einem dieser Meetings und sah zu, wie diese Kerle aus ihre Sitzen hochschnellten wie kleine Springteufelchen, einer nach dem anderen. „Ha!", dachte ich bei mir, „die sehen aus wie lauter Pinguine." Dann schaute ich an mir selbst herunter. Ich trug mein Lieblingskleid von Carole Little, ein farbenfrohes Blumenmuster, wadenlang, mit Rüschen (macht aber sehr schlank). „Was stimmt hier nicht?", fragte ich mich, „ich sehe aus wie ein Pfau unter lauter Pinguinen." Ich schüttelte den Kopf und fragte mich, was geschehen war. Wie war ich bloß hierhergeraten?

So wurde die Metapher geboren. Im Laufe der Zeit entdeckte ich in den Redaktionen und Abteilungen der Zeitung noch andere, die sich in einer ähnlichen Lage befanden – und die Vogelmetapher passte auf sie genau so gut. Wanda die Weihe war eine Freundin, deren Vorgesetzte ihr ständig vorwarfen, sie sei zu aggressiv. Stefan der Stieglitz war unglaublich vielseitig und hatte einen siebten Sinn für Innovationen. Er handelte sich regelmäßig Ärger ein, weil er Hierarchien und Zuständigkeiten ignorierte, um für seine kreativen

Ideen zu werben. Alfred der Adler kam aus einer ländlichen Gegend. Er war äußerst intelligent, aber er hatte nicht die ausgefeilten Umgangsformen der Pinguine. Sie ließen ihn – auf subtile und manchmal auch nicht sehr subtile Weise – spüren, dass er einfach nicht den nötigen Schliff hatte, um es bis an die Spitze zu schaffen. Sarah der Schwan war eine Träumerin, sie hatte eine Fülle guter Ideen, die sie mit ihrer sanften Stimme vortrug und die von den Pinguinen sämtlich als weltfremd und unrealistisch abgetan wurden. All das waren keine erfundenen Charaktere, sondern echte Menschen, die mit dem gleichen Problem wie ich zu kämpfen hatten: Wir alle versuchten erfolgreich zu sein in einer Unternehmenskultur, die keinen Wert legte auf Kreativität, Innovation und Risikobereitschaft.

Diese Zeitung war ein extrem konservatives Unternehmen, man hatte sehr klare Vorstellungen „wie die Dinge hier gehandhabt werden". Keiner von uns schrägen Vögeln hatte die leiseste Chance, von den Pinguinen akzeptiert zu werden. Im Laufe der Zeit kamen wir alle zum gleichen Schluss – und einer nach dem anderen kündigten wir, um unser Land der Möglichkeiten anderswo zu suchen.

Alle meine exotischen Vogelfreunde sind immer noch für Zeitungen tätig – sie haben Unternehmen gefunden, in denen ihr persönlicher Stil und ihre Kreativität geschätzt wird. Ich bin die einzige, die nicht in der Branche blieb, sondern anfing, Bücher zu schreiben. Es begann mit diesem Buch über meine Erfahrungen bei der Zeitung und setzte sich fort mit dem Nachfolgeband *Pigeonholed in the Land of Penguins* sowie der Vorgeschichte „Ruffled Feathers in the Land of Penguins", die in *Working Together* (Hrsg. Angeles Arrien) erschienen ist. Warren Schmidt war ein wundervoller Mitarbeiter bei all diesen „Vogelbüchern". Nach unseren Büchern entstanden die Zeichentrick-Videos, die Schulungsmaterialien, die Seminare, die Workshops und die witzigen Merchandising-Artikel wie gefiederte Kugelschreiber, magische Pinguin-Kaffeebecher und farbenfrohe T-Shirts. Aus unseren Pfauen und Pinguinen ist so etwas wie ein eigener Industriezweig geworden.

Sicherlich der schönste Aspekt dieser Erfolgsgeschichte ist das Echo unserer Leser – nicht nur in den USA, sondern in allen Teilen der Welt. Wir bekommen Fanpost und E-Mails von Menschen in allen möglichen Unternehmen, großen ebenso wie kleinen, profitorientierten und wohltätigen, von Polizisten und Feuerwehrleuten, aus Krankenhäusern und Universitäten, aus Firmen, die in der *Fortune*-Liste der 500 reichsten Unternehmen auftauchen, und vielen anderen. Sie alle schreiben im Grunde genommen das Gleiche: „Danke, dass Sie meine Geschichte aufgeschrieben haben. Genauso fühle ich mich an meinem Arbeitsplatz. Ihr Buch hat mir gezeigt, dass ich nicht allein bin. Ich hoffe, dass ich mein Land der Möglichkeiten finden werde."

Der größte Teil unserer internationalen Fanpost kommt bislang aus Lateinamerika. Regelmäßig erreichen uns Briefe aus Mexiko, El Salvador, Kolumbien, Brasilien, Panama und anderen lateinamerikanischen Ländern. „Gott segne Sie dafür, dass Sie dieses Buch geschrieben haben", schreiben einige Leser.
„Danke", schrieb eine Frau, „Sie haben mir geholfen, die letzten Tage in einem sehr schwierigen Unternehmen zu überstehen. Die Pinguine hier machen mich wirklich fertig."
„Ihr Buch hilft mir, andere besser zu verstehen und ein besserer Manager für all die verschiedenen ‚Vögel' zu werden, die für mich arbeiten", schreibt ein anderer.

Warren und ich sind uns einig, dass solche Briefe der wirkliche Lohn für das Schreiben von Büchern ist. Honorare und Tantiemen sind eine schöne Sache, aber das Leben von Menschen zu berühren, lässt sich nicht mit Geld aufwiegen.

BJ Gallagher
September 2001

Über die Autoren

BJ Gallagher

BJ Gallagher ist ziemlich genau wie die Hauptfigur dieser Fabel – farbenfroh und extravagant, laut und unordentlich – ein Vogel, den man schwer ignorieren kann. Sie ist ein Freigeist und liebt ihre Arbeit; ein Kind der 60-er, das es als seine Aufgabe betrachtet, „gut zu den Geplagten zu sein und die zu plagen, die es sich gutgehen lassen" (eine Zeile, die sie einmal in einer guten Predigt gehört hat). Beides kann sie ausgezeichnet – besonders letzteres. Sie ist eine Missionarin des Personalwesens, die in Unternehmen herumhängt und den Menschen zeigt, wie gut man damit fahren kann, Gutes zu tun.

Durch ihr Doktorandenstudium in Sozialethik an der University of South California (USC) ist sie bestens gerüstet, Weltverbesserer von Beruf zu sein, und ihre Jahre in der Welt der Wirtschaft haben sie gelehrt, die Sprache der Bilanzsumme zu sprechen. Sie hält sich für eine pragmatische Idealistin. Das Studium der Sozialwissenschaften zeigte ihr, wie man beobachtet, zuhört, gute Fragen stellt und menschliches Verhalten in all seiner paradoxen Komplexität analysiert – die perfekte Vorbereitung auf ein Leben in der Wirtschaft!

BJ wollte das akademische Nest eigentlich nicht verlassen (als Kind war ihr Traumberuf Professorin) und sie arbeitete sieben Jahre lang an der USC – zuletzt als Direktorin der Abteilung Mitarbeiterschulung und berufliche Weiterbildung. Anstatt an ihrer Dissertation zu schreiben, veröffentlichte sie ein Buch über Pop-Psychologie und Pop-Religion mit dem Titel *Telling Your Story, Exploring Your Faith* (das wurde besser bezahlt und machte mehr Spaß).

Schließlich beschloss sie, einen Flugversuch in der „realen Welt" der Wirtschaft zu unternehmen und landete bei der *Los Angeles Times*, wo sie fast fünf Jahre lang Leiterin der Abteilung Aus- und Fortbildung war. Während ihrer Zeit bei der *Los Angeles Times* begann sie damit, andere Arten von „Vögeln" zu studieren, und sie lernte eine ganze Menge, während sie Trainingsprogramme und Beraterprojekte für das Unternehmen leitete. Sie verließ die Zeitung 1991 um ihre eigene Beratungs- und Trainingsgesellschaft Peacock Productions zu gründen.

Wie jeder richtige Pfau liebt es BJ, ein Publikum zu haben, und sie ist beliebt als Seminarleiterin und Rednerin. Sie zeigt ihr wahres Federkleid, wenn sie über eines ihrer Lieblingsthemen spricht: Innovation und Kreativität, Vielfalt unter Betriebsangehörigen, Führungstechniken und Erfolgsstrategien für Frauen, Serviceleistungen, Umgehen mit Wandel, persönliche Verantwortung – und ihr ewiger Favorit: wie man seinen Boss managt! Darüber hinaus berät sie Unternehmen in anderen Aspekten des Personalwesens wie Teambildung, Mitarbeiterbefragungen und strategische Planung. Sie hat es geschafft, ihren Pinguinanzug oft genug anzuziehen, um für vielen respektable Firmen zu arbeiten - von DaimlerChrysler, Kellogg, Chevron und IBM bis hin zum American Press Institute, der Stadtverwaltung von Santa Monica und der American Lung Association.

BJ hat auch eine ganze Reihe von Büchern geschrieben. Mit Warren Schmidt schrieb sie außer *Unter Pinguinen* noch zwei andere, nämlich *Pigeonholed in the Land of Penguins* und *Is It Always Right to Be Right?* Mit Eric Harvey schrieb sie *Customer at the Crossroads* und mit Franz Metcalf schrieb sie *What Would Buddha Do at Work?* Sie hat sogar ein Buch ohne Co-Autor geschrieben (das hat aber nicht so viel Spaß gemacht), mit dem Titel *Witty Words from Wise Women*.

BJ wurde in Südkalifornien geboren, wo sie inzwischen auch wieder lebt, als stolze Mutter von Michael, der Rockmusiker ist (was sonst erwarten Sie in L.A.?). Dazwischen lebte und arbeitete sie an vielen verschiedenen Orten. Unter anderem verbrachte sie in den 60-er Jahren fast fünf Jahre in Deutschland, wo sie unter anderem Berlin, Wiesbaden, Frankfurt und Hamburg besuchte und fließend deutsch sprechen lernte. Sie behauptet, das meiste wieder vergessen zu haben, weil es in Los Angeles niemanden gibt, mit dem sie üben könnte, doch sie liebt es, von Zeit zu Zeit Deutschland zu besuchen und ihre Kenntnisse aufzufrischen.

BJ Gallagher erreicht man unter:

Peacock Productions
701 Danforth Drive
Los Angeles, California 90065
USA

Tel. 001 (323) 227-6205
Fax 001 (323) 227-0705

www.peacockproductions.com

PeacockHQ@aol.com

Warren H. Schmidt

Waren Schmidt sieht aus wie ein Pinguin und hält sich selbst für einen Pfau. Er ist eigentlich schon ziemlich alt („chronologisch begabt“, wie er es nennt), aber seine sechs Enkel zwingen ihn dazu Basketball, Baseball und Tennis zu spielen als sei er gerade mal mittleren Alters.

In seinem langen Berufsleben hat Warren viele Rollen gespielt – vom Geistlichen bis zum Psychologen, vom Professor bis zum City Commissioner, vom Forscher bis zum Drehbuchautor. Er hat Kurse über Lebensplanung gegeben, doch seine eigene Karriere zeichnet sich durch eine ganze Menge völlig unvorhersehbarer Wendungen aus, die ihn von Detroit, Michigan (wo er geboren wurde), über Missouri, New York, Massachusetts, Ohio, Washington DC und schließlich ins San Fernando Valley in Kalifornien führten, wo er sich mit einer Frau (Reggie) und seinen vier Kindern niedergelassen hat. Inzwischen in der Clan auf 16 angewachsen. Er hat an zwei der bedeutendsten Erziehungsanstalten Kaliforniens Lehrveranstaltungen gegeben – an der University of California in Los Angeles (UCLA) und an der USC. Doch auch nachdem er an der UCLA heimisch geworden war, gab er sich nicht mit einer Position zufrieden, sondern wanderte vom Fachbereich für Psychologie zur Graduate School of Management, wo er schließlich Dean of Executive Education wurde. Nach 22 Jahren wurde Warren dann schließlich doch noch zu einem reifen und zuverlässigen Professor (aber kein Pinguin, wie er betont!).

Warren schreibt gerne Bücher, am liebsten mit anderen zusammen. Er lernte die Freuden der Zusammenarbeit kennen, als er mit Bob Tannenbaum den Artikel „How to Choose a Leadership Pattern“ für den Harvard Business Review schrieb, einen Management-Klassiker, von dem mehr als eine Million Nachdrucke verkauft wurden. Mit Gordon Lippitt und Paul Buchanan schrieb er Bücher über Teamwork, mit Barry Posner Werke über Wertvorstellungen im Management. Zuletzt verfasste er in Zusammenarbeit mit Jerry Finnigan von der Xerox Corporation zwei Bücher über Total Quality Management, mit den Titeln *The Race Without a Finish Line* und *TQManager.* Als BJ Gallagher und Warren sich zu einem Team zusammenschlossen, um dieses Pinguinbuch zu schreiben, nahm eine weitere wundervolle und kreative Partnerschaft ihren Anfang, die sogar noch interessanter wurde, als Sam Weiss dazustieß!

1969 wurde Warrens Leben um eine neue Dimension bereichert, als er unter dem Titel „Is It Always Right to Be Right?“ eine Parabel über die unversöhnlichen Gegensätze in Amerika schrieb. Der Artikel erschien in der Los Angeles Times, woraufhin vier Filmproduzenten auf Warren aufmerksam wurden (und darüber hinaus auch Ted Kennedy und Spiro Agnew). Steven Bosustow (bekannt durch Mr. Magoo) machte einen Trickfilm aus dieser Parabel, in dem Orson Welles den Erzähler sprach; der Film wurde 1971 mit einem Oscar ausgezeichnet. Als „intuitiver Filmexperte“ wurde Warren von CRM Films als Berater engagiert und hat seitdem nicht mehr aufgehört zu schreiben und zu beraten. (CRM Films produzierten 1995 das Trickfilm-Video *A Peacock in the Land of Penguins* und 1999 *Pigeonholed in the Land of Penguins).*

Als Vorsitzender der World Heritage Foundation ist Warren zur Zeit damit beschäftigt, eine Reihe von Fernsehdokumentationen über Stätten, die von der UNESCO zum Weltkulturerbe gerechnet werden, zu produzieren. Die Filme sind Teil des UNESCO-Programms „Die Wunder unserer Welt erleben und erhalten“.

Warren hält gelegentlich noch Kurse an der USC und ist weiterhin für seine kleine Firma Chrysalis Inc. (9238 Petit Avenue, North Hills, California 91343) als Redner, Berater und Seminarleiter tätig.

Sam Weiss

Sam Weiss verstarb im Frühjahr 2001, bevor diese dritte Auflage fertiggestellt war. Und doch leistete er noch einen wichtigen Beitrag zu diesem neuen Buch – er zeichnete einen wundervollen neuen Pfau für das Cover der amerikanischen Ausgabe! Wir vermissen Sam und wünschten, er wäre noch hier, um den anhaltenden Erfolg unserer Pfauengeschichte mitzuerleben. Hier sind einige Dinge, die Sie über Sam wissen sollten:

Sam war ein erstklassiger Studienabbrecher sowohl der Rhode Island School of Design als auch des Art Center College of Design. Die Dekane beider Institute versuchten ihn dazu zu bewegen, seine Ausbildung zu beenden, doch seine Berufung lag anderswo – es gab Bilder, die er malen und Filme, die er machen musste.

Sein charakteristischer Stil beim Illustrieren verlieh Büchern und anderen Druckwerken einen ganz eigenen Charme. Sein Bleistift erweckte Figuren zum Leben, sein Pinsel ließ ganze Welten entstehen. Er war nicht nur ein vielseitiger Maler und Zeichner, sondern daneben auch noch Musiker, Filmregisseur, Drehbuchautor und ein rundum kreativer Geist.

Am bekanntesten war Sam wahrscheinlich als einer der herausragenden Regisseure der Trickfilmindustrie. Er schrieb und/oder produzierte zahlreiche wirtschaftsorientierte Trainingsvideos, unter anderem *The Winds of Change, To Try Again and Succeed, That's Not My Problem, I Told Them Exactly How to Do It, The Race Without a Finish Line* und *The Blame Game.* Seine letzte Produktion war *Pigeonholed in the Land of Penguins* für CRM Films.

Zu den weltweiten Auszeichnungen für seine Regiearbeiten zählen eine Oscarnominierung für *The Legend of John Henry,* gesungen von Roberta Flack, mit Musik von Herbie Hancock; außerdem ein Emmy-Award für *The Wrong Way Kid* (wofür vier Kinderbücher adaptiert wurden). Er erhielt einen Gold Award vom New Yorker Art Directors Club, den Outstanding Film of the Year-Preis beim London Film Festival, den ersten Preis beim internationalen Film Festival in Zagreb, den Jack London Award und zahlreiche weitere Preise und Ehrungen.

Sam begann seine Laufbahn als Regisseur und Designer bei Mr. Magoo und The Bullwinkle Show. Nur ein Paar Jahre später war er der Regisseur einer der heißesten Trickfilmserien der späten 60-er: Hot Wheels. Er wechselte zu Bosustow Entertainment, für die er mehr als 50 Filme drehte, darunter vier einstündige CBS-Specials, für die insgesamt 30 Kinderbücher adaptiert werden mussten. Darüber hinaus produzierte und inszenierte er 35 Episoden von G.I. Joe für Marvel und war Sequence Director bei dem mit Kritikerlob überhäuften Trickfilm Little Nemo.

Zu den Stimmen in seinen Trickfilme gehörten Carol Burnett, Alan Arkin, James Earl Jones, Milton Berle, Rob Reiner, Mickey Rooney, Stan Freberg, Patrick Stewart und andere bekannte Schauspieler und Sänger.

Sams wundervolle Frau Marjorie lebt weiterhin in ihrem gemeinsamen Haus in Santa Monica in Kalifornien

Danksagung

Viele Menschen haben kreative Ideen zu diesem Buch beigetragen, viele haben uns unterstützt. Wir können hier nur einige von ihnen erwähnen.

An erster Stelle steht Steven Piersanti, ein Bruder im Geiste, mit dem zusammenzuarbeiten eine Freude ist. Er sah das Potenzial unserer kleinen Geschichte und war bereit, diesem absonderlichen Buch eine Chance zu geben. Die Zusammenarbeit mit Steve war eine wirkliche Partnerschaft; seine klugen Vorschläge (und seine unangenehmen Fragen!) haben uns geholfen, unser Konzept und unser Buch über drei Auflagen ständig weiterzuentwickeln. Wir danken Steve für seine fortdauernde Unterstützung für Unter Pinguinen; wir freuen uns, dass sein Mut, das Buch zu machen, sich auszahlt.

Danke auch an das ganze Team von Berrett-Koehler – jeder von ihnen hat viel Zeit und Arbeit investiert, um das Buch zu einem Erfolg zu machen, in den Vereinigten Staaten ebenso wie international. Wir danken Pat Anderson, Kristen Frantz, Mike Cowley, Jeevan Sivasubramaniam, Robin Donovan, María Jesús Aguiló, Rick Wilson, Heather Vaughan, Ginger Winters, Bob Liss und allen anderen bei BK. Was für eine großartige Mannschaft wundervoller Leute!

Wir möchten auch den realen Vorbildern unserer exotischen Vögel und Pinguine danken, deren Erfahrungen unsere Unternehmens-Fabel inspiriert haben. Sie werden keine Schwierigkeiten haben, sich selbst und die Rollen, die sie im Land der Pinguine gespielt haben, wiederzuerkennen. Besonderer Dank gebührt Phyllis Pfeiffer, Jim Shaffer, Larry Strutton und Jeff Hall, die beim Schreiben der ursprünglichen Version unserer Geschichte besonders hilfreich waren.

Besonderer Dank, vermischt mit Trauer, geht an Sam Weiss, der so viel mehr als ein Illustrator war. Er wurde zu einem geschätzten Freund und kreativen Mitarbeiter bei diesem und verschiedenen anderen Projekten. Sam starb sechs Monate bevor diese dritte Auflage veröffentlicht wurde, doch seine Zeichnungen werden auch weiterhin unsere Vögel zum Leben erwecken. Wir vermissen dich, Sam.

Und schließlich ein ganz persönliches Dankeschön an unsere Familien für ihre unermüdliche Unterstützung, Ermutigung und ihre hilfreichen Ratschläge in der Zeit, als unsere Fabel Gestalt annahm. Ihre Liebe und Aufmerksamkeit nährt unsere kreativen Geister.